和谐校园建设下高职院校
学生管理研究

王 凯◎著

吉林出版集团股份有限公司

图书在版编目（CIP）数据

和谐校园建设下高职院校学生管理研究 / 王凯著
. — 长春：吉林出版集团股份有限公司, 2020.5
ISBN 978-7-5581-8440-6

Ⅰ.①和… Ⅱ.①王… Ⅲ.①高等职业教育－学生－
学校管理－研究 Ⅳ.① G718.5

中国版本图书馆 CIP 数据核字 (2020) 第 060001 号

和谐校园建设下高职院校学生管理研究

著　　者　王　凯
责任编辑　王　平　李晓华
封面设计　李宁宁
开　　本　787mm×1092mm　1/16
字　　数　220 千
印　　张　12
版　　次　2021 年 3 月第 1 版
印　　次　2021 年 3 月第 1 次印刷

出　　版　吉林出版集团股份有限公司
电　　话　010–63109269
印　　刷　炫彩（天津）印刷有限责任公司

ISBN 978-7-5581-8440-6　　　　　　定价：58.00 元

前　言

开展和谐校园建设，是实现示范性高职学院目标内涵的重要组成部分，强化职业院校学生管理是促进和谐校园建设的必然要求。

本书为和谐校园建设下的高职院校学生管理研究，主要内容如下：

第一章介绍了大学生管理的内涵和外延。主要就大学生管理模式的概念、分类、发展及管理的载体进行了详细论述。

第二章强调了高职学生管理的人本理念。本章提出创建"以人为本"的和谐校园、鼓励高职学生参与学校管理、完善高职院校学生服务机制及加强高职院校辅导员队伍建设等具体举措，为改善高职院校学生管理现状提供有益借鉴。学生自我管理是他律与自律的结合统一，是更科学的管理模式，本章还介绍了学生自我管理能力的培养以及提高高职院校学生自我管理能力的对策。

第三章到第四章为和谐校园建设下高职院校学生管理的创新研究。随着时代的发展，高职院校学生管理工作越来越复杂，传统的高职院校学生管理模式已经难以适应当前时代发展的新要求，积极探索和创新学生管理模式是必然选择。因此本书分别从企业化管理模式、网络环境下管理模式两个方面进行了创新管理。

第五章介绍了高职院校和谐校园建设与其他素质教育。高职院校和谐校园建设，不仅仅需要创新的学生管理模式，还需要发展素质教育的相互促进。本书第五章从大学生和谐力建设、师生党员先进性模范、高职学生就业能力培养等几个方面阐述了和谐校园建设与素质教育的相辅相成。

本书在编写的过程中参阅了大量的国内外著作、论文和权威网站的资料，借鉴了众多专家、学者的科研成果，在此一并表示衷心的感谢。由于时间仓促，本书在创作的过程中难免存在疏漏之处，敬请各位读者指正。

目 录

第一章 大学生管理的内涵及外延

第一节 大学生管理模式的概念及分类

大学生管理是学校管理工作中的重要组成部分，是指学校在一定思想理论的指导下，经过长期实践而定型的开展各项学生工作的思维方法和操作方法。大学生管理的基本含义是：学校通过非学术性事务和课外活动对学生施加教育影响，以规范、指导和服务学生；丰富学生校园生活，促进学生发展成才的组织活动。

大学生管理是学校对学生在校内外的学习和活动进行计划、组织、协调控制的总称，它是学校管理者组织指导学生，按照教育方针所规定的教育标准，有目的、有计划、有组织地对学生进行各种教育、管理和服务，使学生在德、智、体、美几方面都得到发展，成为中国特色社会主义现代化事业的建设者和接班人的过程。学生管理工作是一项系统工程，它的具体内容包括众多方面，概括地说，它是以德育为主导，以智育为核心，以学风为重点，以党建带动全面工作。具体地讲，它涵盖了学生的学习、生活、思想教育，规范学生的日常行为、扶贫解困、就业指导等诸多方面。

大学生管理的内容多种多样，从学生活动形式上可归纳为学生思想品德管理、党团组织管理、学习管理、生活管理、学生自我管理、班级管理以及行政管理、教育评价管理等。

第二节 大学生管理模式的发展阶段

一、学生工作体制的建立阶段（中华人民共和国成立初期——20 世纪 70 年代末）

中华人民共和国成立初期，学生工作的内容主要是突出政治，组织学生学习国内外形势及党的路线方针政策。这一时期，学生工作者称为"学生政治思想工作者"。在组织结构上，校领导中有一人负责政治思想工作，党、团组织及行政领导负责学生的全面发展，在各系中有专人负责学生工作。学生管理者的主要任务是：负责学生在校期间的政治思想教育工作，组织党、团活动，监督学习纪律，评定并发放助学金及国家补助补贴。

在中华人民共和国成立以后的 17 年中，学生工作的主要特点是：

1. 学生工作的内容以学生党团活动为主，突出政治，其工作由校党委组织部、宣传部和校团委承担。

2. 学生工作没有独立的地位，也没有设置专门的机构，它只是作为学校政治工作的一部分而存在。

3. 招生和毕业生分配工作分别由教务处和人事处负责。

二、学生工作体制的恢复与调整阶段（改革开放初期——20 世纪 80 年代末）

1977 年恢复高考制度后，为了适应新的高等教育目标，贯彻德、智、体全面发展的教育方针，培养具有专业知识的人才，高校相继在 70 年代末 80 年代初设置了专门机构负责学生工作，有的学校称之为"党委青年部"，有的学校称之为"党委学生部"。学生部成立后，专门负责全校学生工作，组织实施对学生进行党的方针政策、形势任务和思想品德的教育；分析学生的思想动态，研究学生思想政治教育的对策，负责配合校党委组织部做好学生入党积极分子的培养教育工作，指导团委和学生会的工作。

20 世纪 80 年代以后，随着招生规模的扩大和向正规化管理方向的发展，一些新的学生行政事务工作应运而生。各高校在不断加强学生教育工作的同时，成立了学生处，负责学生行政管理工作。20 世纪 80 年代末，多数学校将原党委学生部与学生处（学生科）合并，成立了学生工作部（处），实现了二元结构向一元结构的转变。在此基础上，高校陆续将与学生切身利益密切相关的毕业生分配工作划归到学生工作部（处），设立了毕业生分配办公室，使毕业生分配与毕业生教育长期脱节的情况基本得到解决，通过把住出口关，对于规范学生行为、促进教育管理起到了一定的作用。

三、学生工作步入新的发展阶段（20 世纪 90 年代后——21 世纪初）

90 年代，随着招生就业制度改革，要求学生缴费上学，这就要求建立合理的学生助学体系和毕业生的自主择业体系，要求结合改革发展中出现的新情况、新问题，注意发挥引导、服务和保证作用，学生工作也因此要在结合渗透上下功夫，学生工作的职能进一步由管好管住，向服务、渗透转变。对此，各高校分别成立了独立的或不独立的就业指导中心、勤工助学中心（办公室）、心理咨询中心等，一方面引进竞争机制，促进学生自立、自强意识；另一方面完善服务体系，化解学生在成才、就业及生活等方面的矛盾，有的学校将招生划归到学生工作处；有的学校将学生宿舍管理划归到学生处管理，而后又划归到其他部门（采取后勤社会化），有的学校成立了学生工作指导委员会；有的学校实行学生工作处与相关部门"合署办公"等。

进入 21 世纪，随着我国社会主义市场经济体制的建立和不断完善，面对高等教育开始进入"大众化"阶段的现实，大学生工作的内涵不断丰富，步入新的发展阶段，并不断形成了现阶段的学生工作模式：国内多数的大学生工作采取学校、院系二级管理模式，院系在学校的领导和宏观指导下开展工作。校党委、校行政均设分管学生工作的校党委副书记、副校长。校党委职能部门中设立学生工作部，校行政职能部门中设立学生工作处，实行合署办公。有的学校将党委武装部也与学生工作部（处）合署办公。校内各教学院（系）通常设分管学生工作的党总支副书记兼副院长（系主任），领导本院系学生工作办公室及辅导员开展工作。一般按学生年级配备辅导员（年级主任），各班级由业务教师担任班主任配合辅导员的工作。学校设立以主管校领导为主任的学生工作指导委员会，负责协调处理全校学生工作的重大问题，其办公室设在学生工作部（处）并由学生工作部（处）长兼任办公室主任，便于协调学校党政对学生工作部（处）的领导。学生工作不仅包括对大学生进行学生日常管理工作，还包含就业指导、助学扶贫（包括国家助学贷款）、心理健康教育、成长成才咨询、"两课"教学辅助等诸多工作和内容。许多在校学生工作部（处）下设立了一些学生服务与管理机构，如大学生助学办公室、大学生心理咨询中心、毕业生就业指导与服务中心、大学生活动中心等。

在这个时期，大学生工作队伍也逐步形成了专、精的专职人员和较多的兼职人员组成的人员结构，并按照相对独立的德育教师系列或教育管理系列评聘专业技术职务。随着国家对毕业生工作的高度重视，近几年，有些学校将毕业生就业中心，作为机关职能部门直接在主管学生工作的校党委副书记兼副校长的领导下开展工作。

第三节 大学生管理模式的载体研究

高等学校面临三大任务，即：人才培养、科学研究和社会服务。人才培养因而成为大学生工作的一个主要目标。大学生工作面临的问题复杂多样，要得以有效展开和推进，必须寻找和依托合适载体并有效运用。

一、何谓大学生管理工作的载体

载体最初的定义是一个化学名词，是指能够贮存、携带其他物体的事物。现在的载体一词则被广泛地运用到了各个学术领域。对大学生管理工作而言，载体主要是承载和传递素质教育的媒介。

二、大学生工作载体的分类

大学生工作的载体包括很多内容，并随着社会的发展变化而不断创新，大致划分如下：

（一）理论学习型的载体

理论学习型的载体包括课程班、课堂教育、会议等；它们的共同特点是对大学生的成才培养提供理论基础，通过交互式的学习，掌握素质教育的一些基本原则和理论。

（二）主题活动型的载体

学生社团、党团活动、校园文化创建、社区活动、各类社会实践、军训、首日教育等；它们的主要特点是依托外在不同的活动内容，将教育的理念的精髓贯彻其中，通过广大青年学子喜闻乐见的形式进行有效传输，从而达到人才培养的目的。

（三）信息网络型的载体

网络 BBS、各类即时通工具、电话、博客、电子邮件等；这类载体的共同特点是充分利用信息社会、新兴网络的便利条件，占领教育的新领地。

（四）"点对点"型的载体

心理辅导、谈话谈心、家访等，此类型载体的主要特点是针对性强，获得的信息较为准确和完整，有助于解决学生工作中的重点问题和难点问题，有助于根据学生个体的差异采取差异化的教育方法。

三、大学生工作载体的时机选择

大学生工作载体的选择应遵循有利于解决学生工作中的问题，有利于学生工作的长远发展，有利于完成人才的培养的原则。

（一）因大学生工作的对象不同而异

大学生工作的对象主要就是大学生，而当代的大学生具有不同类型的特点，分层、分类教育作用显得格外突出。差异化的个体要求我们提供个体的解决方案，这在一定程度上对工作载体的选择也提出了更高的要求。

1. 了解工作对象的特点

当代大学生思想主流积极、健康、向上。他们热爱党，热爱祖国，热爱社会主义，坚决拥护党的路线方针政策，但也不同程度地存在政治信仰迷茫、理想信念模糊、价值取向扭曲、社会责任感缺乏、心理素质欠佳等问题。而具体到不同的学校中，大学生的状况也不尽相同，这就要求我们必须充分掌握工作对象的特点，研究面向不同工作对象的不同应用规律，选择教育载体。

2. 把握工作对象的诉求

在实际工作中，我们必须掌握工作对象的需求，既要掌握群体性的需求，又要了解个体性的需求，进而选择相应的工作载体，在事态的不同阶段，或不同事态过程中，工作对象的诉求也会有相应的调整和变化，我们一方面需要重视和尊重这种变化，并相应地调整载体运用和选择，另外对不尽合理的诉求，需要加以控制和引导。

（二）因大学生工作的侧重不同而异

大学生工作的总目标是人才的培养，但具体到不同的阶段，有不同的任务，在工作中的重点便有所不同，而对待学生的教育是常态的，因此要求我们在不同的侧重工作范围下选择适当的工作载体，完成对学生的常态教育。

1. 明确大学生工作阶段性任务

大学生工作进程中面临不同的阶段，或在某件工作的过程中，任务会因变化有所调整，重点任务也不尽相同，载体选择必须具有针对性，且以服务于不同的工作任务为目的。在学生工作的特定阶段，载体所负担的意义和承载的功能会有相应的变化，适机选择工作载体和运作方式有助于各阶段任务的完成。

2. 保持大学生工作的整体连贯性

大学生工作是一个有机整体，具有系统性和连续性，这也要求相应开展工作的载体间要保持有机协调和连贯性。这种协调性一方面需要人为地加以合理选择和充分运用，另外也要服从于大学生工作整体属性和特点，背离这种统一协调性的载体运作只能使工作背道而驰。

（三）因大学生工作的时效不同而异

无论从教育的内容和效果上看，还是从教育对象的发展情况上看，大学生工作都具有典型的时效性。因此选择适当的工作载体有助于在有效的时间或有限的时间内完成大学生工作。

1. 整合优化大学生工作的效率

大学生工作过程中要注意把握不同的时间节点在时效阶段内通过工作载体的变换与应用，完成大学生工作。在不同的时效作用下，应充分利用已有的、可行的工作载体，深入挖掘和充分整合学生工作中的各种可用资源，提高运行效率，实现工作效果的最大化。

2. 找准大学生工作中的黄金切入点

要重视大学生工作中有效时机的掌握，根据时间和形势的变化，做出充分的判断，寻找适当的时机介入有效的工作载体，进而全面推进学生工作。值得注意的是学生工作中的黄金切入点是动态而非静态的，是随着时间的推移，工作形势的发展而不断变化的。

（四）因大学生工作的环境不同而异

这里指的环境不是狭义上的实体建筑等学校环境，而是软性环境，例如：学校的规章制度、社会的宏观政策、学生思想动态的变化波动等。这些工作环境上的变化是个人无法控制和左右的，因此如何选择工作载体以适应环境及环境的变化就显得尤为重要。

1. 保持工作中的大局观

学生工作在本质上必须紧紧把握主流的社会价值，紧扣时代的主旋律，在工作背景上受政治、经济、文化和社会发展的影响很深，这就要求学生工作必须保持大局观，站得高，看得远，有利于统一筹划工作。在载体的运用中要充实更多、更新的理论及实践成果。

2. 工作中以"不变"应"万变"

外在环境的变化因素固然难以控制，但大学生工作仍需坚持"以我为主"的工作方式，这主要源于学生工作的根本任务和主要目标即人才的培养没有发生变化。在此情况下，面对纷繁的外界变化，学生工作一方面要继续探索新的工作载体，另外也需要在工作的形式、方法和内容上与时俱进。

四、大学生工作载体的运用方式

大学生工作载体的运用方式没有固定套路，没有统一模式，只要站在较高的思想高度，统一认识即可，所谓条条大路通罗马，有效运用大学生工作的载体，可以行之有效、事半功倍地完成工作。

（一）"连贯持续"式的运用

一方面，教育无时不在，无处不在，这也为载体的持续使用提供了可能性，另一方面，载体的连贯持续使用也有助于工作更快、更好、更有效地完成。

1. "连贯持续"式的运用条件

载体较为成熟，具有类似性，随时间推移，变化不大的情况下可反复使用者较为实用，如运用理论学习型的课堂教育、主题活动型的军训等。

2. "连贯持续"式操作方式

在相当长一段时间形成一种固定模式或以制度化的方式固定下来，在学生工作中不断使用。如在年级中成立年级管理委员会，在班级管理中建立固定班会制度和不定期班委会制度就是对群体学生管理和教育的一种有效模式。通过这种模式下的持续工作，年级管理委员会成为各个班级之间沟通的一个桥梁，也成为反映问题的一个总出口，可以有效解决各个班级间信息不畅，各自为政的局面。同时，在这种情况下，班会也可以被更加有效地利用来进行各类文件、时事政治等的学习。不定期的班委会制度由于机动性强，应变能力强，利于解决各类突发事宜，最终有利于班级工作的整体开展和有效推进。

（二）"组合拳"式的运用

"组合拳"是拳击运动中的一个术语，其本意是不同拳法的一个组合。在大学生工作的载体运用中，通常要运用不同的载体组合来完成一件或一段时期内的工作。

1. "组合拳"式的运用条件

单一载体效果不佳，多种载体具备操作条件，在相对固定的时间和阶段内要求学生工作绩效时较为实用，如运用理论学习型和主题活动型相结合等。

2. "组合拳"式操作方式

充分利用各种载体的优点和长处，在某一特定情况或固定阶段下，依据工作完成的最大效率和效果的要求，而不断组合各类工作载体，组合的方式依据载体的选择不同而异。如在对学生进行诚实守信的专项教育中，可以有效组合理论学习型、主题活动型和"点对点"型的载体来进行工作。首先可以通过班会来进行学习讨论，并在课上进行专题理论阐释，同时开展以"诚信"为主题的演讲或小品比赛，考前"诚信"签名活动等，让更多的诚信观点形象化地深入人心。在诚信教育中，对个别同学还应采取谈话谈心的方式，让他们认识到"不诚信"的危害，督促他们诚实守信，避免因小失大。

（三）"全覆盖"式的运用

"全覆盖"一方面是针对工作对象而言，另外则是指尽量使用更多的载体，并不断寻找一切可能的载体来运用于学生工作之中，使之更加完善。

1. "全覆盖"式的运用条件

学生工作内容较多，涉及面较广，常规性工作、日常管理性的工作或按部就班型的工作为主时较多采用，如考虑到一段时间内的工作时，综合考虑多项工作载体。

2. "全覆盖"式操作方式

利用各种载体的不同特点和特性，针对性地完成整体工作的特定部分，从而在全局中有效推进整体工作的完成。如在学年的工作计划中，既要考虑学年工作中不同学期的阶段性，又要考虑各项工作的持续性，同时要保证各项常规工作的顺利完成，并择机推出特色亮点的工作，还要防范危机和突发事件，这其中不仅包括年级、班级这些整体面上的工作，还包括具体到每一位学生个体的工作，因此非常繁杂，必须有的放矢，未雨绸缪，在工作中充分利用各种载体，开展相应的工作，消除学生工作过程中的盲点，实现学生工作的全覆盖。

（四）"重点突击"式的运用

在工作中要善于运用自己所擅长的，事实证明行之有效的载体方式，作为重点工具，使其在关键时刻发挥作用，达到预期的效果。

1. "重点突击"式的运用条件

学生工作的时间有限，工作的要求较高，任务较重，面对突发性事件或个体面临较为严重的问题等情况下使用较为频繁。

2. "重点突击"式操作方式

高效、合理地选择载体，刚柔并济地运用载体，在有限的时间和规定的阶段内实现学生工作的目标。

各种载体的运用方式不是唯一的，也非一成不变的，是随着形势和要求的不同而不断变化的。学生管理工作任重而道远，在培养人才这个中心任务的指导下，整合利用各类有益的工作载体，并不断探索学生工作的新载体，针对实际工作中所面临的各类问题，不断开创大学生工作载体新的运用方式，真正实现学生教育和素质能力教育的双提高。

第二章 人本理念下的高职院校学生管理

第一节 人本理念下高职院校学生管理概述

一、人本理念的内涵和当代价值

（一）人本理念的内涵

人本理念，简单地说就是"以人为本"的理念。

"以人为本"的人本理念无论在西方还是我国都有着深远的理论渊源。人本主义一词的英文为 humanism。Humanism 进入中文有两种翻译：人文主义和人本主义。人文主义一般指文艺复兴时期出现在意大利等欧洲国家的一种新的哲学、文学、艺术思潮。文艺复兴时期的人文主义旨在复兴古希腊古罗马的文化传统，高扬人的尊严与人的价值，从而将人以及人文科学从基督教及经院哲学中独立出来，它强调以独立个体而存在的"人"为立足点，以实现人的权益为宗旨，倡导个性自由和人性解放，带有强烈的与宗教抗争的色彩。19 世纪德国哲学家费尔巴哈的人本主义哲学被认为是现代"以人为本"理念的起源。

在我国古典文籍中，"以人为本"最早出现在春秋齐国政治家管仲（公元前 723—前 645）所著《管子·霸言》中，"夫霸王之所始也，以人为本。本理则国固，本乱则国危"，讲的是君民关系，"本"指齐国百姓，本理顺了，国家才能稳定；本乱了，则国家就会产生危机。《道德经》中蕴含着老子大量的人本思想，如"圣人无常心，以百姓心为心"，是说国家的统治者应以百姓的意志为主，不能有私心，表达了统治者要服务于百姓的人本思想。后经历朝政治家的不断补充和发展，逐步形成了我国古代"以人为本"的思想体系，影响了我国数千年，这种"以人为本"思想体系在一定程度上保护了民众的利益，限制了王权，但其本质还是为了维护封建统治，不可能真正使百姓的要求和权利得到维护。

"以人为本"就是以"人"为核心、以"人"为根本，社会既要满足人的生理、安全方面的自然需要，也要满足人精神和自我价值实现等方面的社会需要，把实现人的全面发展作为最高目标，关心人、尊重人、爱护人、解放人、发展人，一切依靠人民，一切为了人民。

（二）人本理念在现代社会发展中的价值

20世纪80年代以后，中国人以自己特有的智慧和方式，完成了一场伟大的变革：从计划经济走向市场经济。这场变革既是中国崛起与中国复兴的重要组成部分，也是中国崛起与中国复兴的前提与基础。经济改革拉开了中国政治、经济、文化、教育等各个领域全面改革的序幕。21世纪又迈出了我们中华民族发展进程中划时代的一步，这就是"以人为本"思想的提出。"以人为本"作为我国政治哲学的核心价值追求，将开启中国的一个新时代。

以人为本思想的确立，是对公平、公正思想的捍卫。"以人为本"所讲的"人"没有条件限制，每一个人，不论性别、年龄、民族、阶层，不论贫富、贵贱、智力状况、健康状况，在政治上都享有人应该享有的成长、发展和追求幸福的权利。个人发展是社会发展的基础，社会发展又为每个人分享发展成果提供了保障，从而保证社会的稳定与和谐。

以人为本思想的确立，捍卫着人的全面发展与和谐发展的崇高目标。人的需求不仅表现在物质、安全、生存层面，还表现在个性发展、成就体验、思考与表达、审美享受等关系到人的生存质量的各个方面。人的发展的全面性、和谐性将比以往任何时候都受到重视，也将比以往任何时候都更具有实现的可能性。

以人为本思想的确立，有助于社会的不断进步。人的需求的多样性和发展的丰富性决定了社会将永远处于不断改进、不断完善的过程中，社会处于开放状态，随时都在进行着各种各样的交流、吸纳、调整、更新，因而，改革是永恒的主题。权威、传统等都是服务于人的工具，为了人的发展，一切都可能被重新审视，一切也可以被改造和创造。

二、人本理念下高职院校学生管理工作的基本内涵及特征

（一）人本管理的内涵

人本管理，顾名思义就是以人为本的管理。这一管理理念最初在企业管

理中应用，随着知识经济时代的来临，知识在推动企业发展中的作用越来越大，企业要发展就必须重视知识，注重掌握现代科学知识、先进生产技术及有终身学习能力的人，他们是企业发展中最重要、最具潜力的资源，要想长期拥有这种资源，企业就必须贯彻人本管理理念，以"人"为中心。人是推动企业发展最根本的因素，企业各层级的管理都应充分体现重视知识、重视人才的思想。目前，世界各国都能认清这一点并进一步做好人力资源管理，重视对人才的长期投资和合理使用，通过创新激励、民主参与等多种方式为员工创造一个宽松的环境，使其才能得到充分发挥，这是企业提高效率的关键，是企业在竞争中立于不败之地的关键。

人本管理理念顺应了时代的要求，反映出当代社会对"人"的价值的重视，通过倡导激励手段促使个人价值和潜能得以实现，将"服务于人"作为人本管理的根本目的。它强调"人"是管理的核心，管理过程中应充分相信人具有主动性、积极性，充分肯定人的价值和作用，使人性得到最完美的发展。

（二）人本主义教育思想的内涵

人本主义教育的源头可追溯到美国进步教育家杜威"以儿童为中心"的教育主张。现代人本主义教育思想深受人本主义心理学的影响，盛行于20世纪六七十年代的美国，在西方一些国家兴起的"人本主义教育运动"是这一思想的延续和发展。

人本主义教育思想的核心是"以人为本"，强调人的潜能发展和自我观念的树立，主张教育要培养身心健康的人，并使每个学生达到生命的最佳状态。具体归纳如下：

第一，促进和保障学生的成长是教育的使命。教育不仅要满足社会发展的需要，更应满足个体全面发展的需要。教育工作的重心首先是为学生的发展服务，其次才是满足社会发展对人的要求。

第二，相信学生拥有发展的愿望和发展潜能是教育的基础与前提。承认并尊重人有成长的本能，给教育教学和学生管理提供新的思路。传统的家长式的管理压抑了学生的本性，教育应给学生创设良好的环境，提供科学的指导，才能推动学生健康、自由的发展。

第三，教育必须保障学生应该享有的权利，承认学生生活的价值意义。学生的任务不只是学习，他们在享有选择权、表达权、展示权等权利的过程中成长、发展，走向未来。

第四，丰富和完善学生的亲身体验是教育的重要任务。学生不是坐在课堂里的学习机器，是一个有思想、有感情的人，教育过程中要充分地尊重人，通过丰富学生的亲身体验培养学生端正的思想态度、积极健康的情感、积极向上的价值追求等。

第五，学校是学生社会化的重要场所。学生在学校中不仅仅学习科学文化知识，还要学会自我管理、自我教育，学会与人相处，在这一过程中学生逐步掌握适应社会生活的技能、技巧。

长期以来我国的教育深受传统教育思想的影响，在教育教学过程中学生的"中心"地位未能得到很好地体现，当前我国的学校教育与经济社会发展在某些方面不适应、不协调。近几年我国东南沿海地区出现的"用工荒"就是最好的证明，一方面很多高职院校毕业生找不到合适的工作，另一方面经济社会发展缺少合适人才。"以人为本"思想的形成与发展为我们提供了解决问题的新思路，我们要在教育过程中深入贯彻"以人为本"的理念，确立学生的"中心"地位。

（三）高职院校学生管理工作的含义

纵观国内外，一所成功的大学可能会有悠久的历史、美丽的校园、众多的学生，除此之外必定要有着一流的管理。当然一所高等学校的管理包括很多方面的内容，如教学管理、财务管理、后勤管理、人事管理等。高职院校的一项重要职能是培养高素质人才，要把学生培养成什么样的人和能把学生培养成什么样的人，这中间是有一定差距的，差距的大小取决于学校的管理水平，因此，学生管理是高职院校管理中至关重要的一项工作，它直接影响着高职院校人才培养的质量。

近年来，随着我国高等教育的不断发展，对高职院校学生管理研究的成果日渐丰富，也有很多界定。顾翔在其主编的《大学生管理》中认为：大学生管理是高等学校的领导者有目的、有意识的组织校内外的各种资源，为实现大学生发展目标有计划地指挥、协调、控制各资源的各种活动的总称。顾明远在《学校学生管理运作全书》中认为："所谓学生管理是学校对学生在校内外的学习和活动进行计划、组织、协调、控制的总称"，是学校管理者有目的、有组织、有步骤的引导学生按照教育目的的要求，在德、智、体等方面实现全面发展的过程。这两者的共同之处在于，他们都认为学生管理的核心应是"目标、指挥、协调"。此外学者胡志宏认为"学生管理工作"是由专门人员对学生实施的有目的、有计划地教育、管理和服务工作，旨在引导学生形成端正的思想态度、良好的性格特征及正确的行为习惯，全面提高学生素质。基于上述定义，结合我国高职院校实际情况，高职院校学生管理是高等学校为实现人才培养目标，促进高职院校学生全面发展，通过决策、计划、组织和控制，有效地利用各种资源，为高职院校学生成长成才提供各种指导和服务的社会活动过程。高职院校学生管理是一项庞大的工程，内容繁多，它的常规内容一般包括：学生日常生活管理、思想品德管理、学籍与成绩管理等。随着我国经济发展和一些高职院校政策的推行，高职院校学生管理又注入了新的内容，如大学生心理健康管理、贫困生资助管理、就业管理等。内容的扩展，增加了高职院校学生管理复杂性和难度。这就要求高职院校管理者在学生管理过程中要树立人本管理理念、形成服务意识，改进管理方法，切实增强高职院校学生管理的时效性，推动人才培养目标的实现，加快我国社会主义现代化建设前进的步伐。

（四）人本理念下高职院校学生管理工作的基本内涵

现代社会的快速发展对人的综合素质有了更高的要求，同时在社会生活中人的地位也在不断提高，"以人为本"的管理理念正是顺应这一社会发展趋势。高等职业院校作为一种社会组织，肩负着培养面向生产、建设、服务和管理第一线需要的高技能人才的使命，高等职业院校要培养符合社会需要的全面发展的高技能人才，必须充分重视"学生"这一因素，所以高职院校的学生管理也应体现"以人为本"，具体来说就是要"以学生为本"，这是树立科学的学生管理思想的前提，也是做好学生管理工作的思想基础。

人本理念下高职院校学生管理就是指在高职院校的学生管理工作中实施"以学生为本"的管理。高职院校所有教职员工都应牢固树立"以学生为本"的管理理念，深入了解高职学生的特殊需要，帮助学生解决实际问题，允许学生展现个性，充分发掘学生潜能，切实做到"一切为了学生，为了学生一切"，具体来说就是尊重学生、理解学生、依靠学生、服务学生。

尊重学生，是"以学生为本"的最根本的体现。尊重学生是要尊重学生的人格，尊重学生的权利，尊重学生的个性，尊重学生的需要。捍卫人的尊严和权利，是人本主义的伟大传统和伟大追求，无论在何种条件下学校的管理者都应真诚的关心学生，认真了解和研究学生，引导和激励学生更好地发展，进而实现高等职业教育的管理目标。

理解学生，是对学生进行有效管理的前提。当今的高职大学生，都是"90后"和"00后"的"新新人类"，他们个性更鲜明，情感更丰富，知识更宽泛，只有充分了解学生的特点，设身处地的站在学生的立场，真心为学生着想，才能真正理解学生，促进学生的健康发展。

依靠学生，是对学生进行有效管理的关键。学生积极配合和主动参与是学生管理工作取得成功的重要因素。高等职业院校的学生年龄一般在18~22

岁之间,这一年龄阶段的青年心理发展、知识和能力都已达到一定的水平,他们完全有条件、有能力做好自我教育和自我管理。所以高职院校对学生进行有效管理要依靠学生,争取学生的积极配合和主动参与。

服务学生,是对学生进行有效管理的途径。郑杰的《给教师的一百条新建议》一书中这样写道:每个人都应成为优质服务的提供者。很多人不理解,教育实质上是一种特殊的精神性服务,学校通过为学生的学习、生活、成长、发展提供服务,来促成学生的健康发展。

第二节 高职院校学生管理坚持以人为本的意义

一、高职院校学生管理坚持以人为本的必要性

(一)高职院校学生管理坚持以人为本是适应社会发展的需要

20 世纪 80 年代之后,我国社会生活的各个领域都在发生着翻天覆地的变化,人们的思维方式和行为方式等不断更新,强烈要求我国社会管理理念的创新。从整个社会发展来说,能够充分意识到人是推动社会发展最重要的因素,人越来越受到社会的重视。广泛的社会组织逐步树立起人本管理的思想,把管理的重心由"物"转移到"人"。高职院校也应主动适应社会管理思想的转变——强调以人为本,理解人、尊重人,满足人的个性全面发展的需要。具体来说,就是要在高等职业院校管理,尤其是学生管理工作中要以学生为本,尊重学生、理解学生、关心学生,切实站在学生的角度考虑问题,以学生的实际需要为出发点实施管理;高职院校学生管理者在树立管理理念,制定管理制度,设计管理内容时,对学生的个性、需要都应充分尊重;在学生管理活动中,学生的积极主动性、创造性应得到充分发挥。高职院校要适应社会发展,培养符合社会需要的高技能人才,在学生管理中就必须坚定树立以人为本的理念,尊重学生发展需要,体现人文关怀。

(二)高职院校学生管理以人为本是高等职业教育本质的要求

从本质上讲,教育就是一种培养人的活动,康德也曾说过,"人只有通过教育才能成其为人","人完全是教育的结果"。国际 21 世纪教育委员会向联合国教科文组织提交的报告中指出"教育应当促进每个人的全面发展,即身心、智力、敏感性、审美意识、个人责任感、精神价值等方面的发展"。这一观点应用于高等职业教育领域就是要实现人的价值,通过高职院校实施人本

管理，培养符合社会要求的、全面发展的高技能人才。主张以严格纪律约束、统一要求为主的传统高职院校学生管理思想与教育的本质相悖，而强调学生的主体地位，强调学生全面发展的"以人为本"的管理思想与教育的本质相一致，所以说，高等职业教育的本质要求"以人为本"。

（三）高职院校学生管理以人为本是新情况、新挑战的要求

自 1978 年至今，中国职业教育累计为国家输送了 2 亿多高素质劳动者和技能型人才，提高了中国劳动者的整体素质。在近 40 年间，伴随着高等职业教育的发展，高等职业教育的规模越来越大，在校生越来越多，给高职院校学生管理工作带来了一系列挑战。传统的管理理念已经不适应当今高职教育发展的新形势。

首先，表现最明显的是高职大学生的个性特征发生了很大转变，主体意识更强，他们崇尚自我，注重自我感受，强调个人观点，很少人云亦云。过去计划经济体制下靠国家的想法一去不复返，但他们不会盲目顺从，大多数高职院校学生自我发展的思想很强烈，同时他们也容易忽视集体和他人的利益，责任感、集体主义精神淡薄。高职大学生的个性特征的转变，给学生管理工作带来新的挑战。

其次，我国高等教育进入大众化阶段，教育规模逐步扩大，在校生中出现各种各样的问题也越来越多。据统计，约 18% 左右的学生存在不同程度的心理健康问题。高职学生因心理问题而出现自杀、犯罪的事情在很多高职院校都有发生，除此之外，学生上网成瘾等新问题给高职院校学生管理带来了新的挑战。

最后，社会竞争激烈，高职大学生就业难，这不仅会影响到毕业生的情绪，还会进一步影响到非毕业班同学，增加了他们的心理压力，可能会产生"读书无用论"的想法，导致学生逃避学习，给学生自身发展及高职院校学生管理带来新挑战。

二、以人为本的高职学生管理体系构建的意义

（一）减少传统教育思想带来的弊端

作为四大文明古国的中国，有着博大精神的历史文化，教育思想也有着几千年的历史。传统的教育思想，尤其是以儒家文化为主的教育理念，千百年来感召与哺养着无数的中华儿女。但是一些传统教育思想，也给教育带来一些负面影响。例如传统教学思想中，以教师为中心，教师在课堂中占主体地位，发挥主导性作用，而学生在课堂中仅仅是被动地接受知识，被动地接

受教育。在传统思想的指导下，学生管理出现比较多的弊端。例如高职院校在对待学生犯错误方面，都采用"惩罚"的方式，对"90后""00后"大学生来说，这个群体受挫心理比较脆弱，对于惩罚性的管理方式，经常会出现反叛。构建以人为本的高职学生教育管理体系，能够站在学生的角度去考虑问题，在处理日常违纪的行为能够采用更加人性化的手段，加强与学生的沟通，这样能够减少传统教育思想带来的弊端。

（二）有助于促进学生的全面发展

爱因斯坦说过"兴趣，是最好的教师"，在日常的教学中，或者在组织学生活动时，都应该坚持以学生为本，从学生的兴趣出发，为学生营造生动有价值的课堂才能提升学生的学习效率，为学生组织有意义的活动才能锻炼学生。构建以人为本高职学生管理体系，有助于促进学生的全面发展。例如学校在制定奖学金考核制度时，不能仅仅让学校领导内部协商制定，应该组织学生代表，征求他们的意见，这样奖学金考核制度才能更具有说服力。过去那种将学习成绩作为唯一考核标准的制度，不利于学生综合能力的发展。构建以人为本的高职学生管理体系，就要将学生各项综合指标列入考核体系中，评出综合素质较高的学生作为奖学金获得者，建立一种充满人性化的激励机制。

（三）有助于减少高职院校学生管理的压力

随着高职院校的扩招，对于高职院校来说，学生管理是一项巨大的工程。目前的学生管理，主要是学生工作处牵头，由辅导员以及后勤行政人员组成管理团队。对于很多辅导员来说，现在大学生比较敏感，接受不了过多的批评，所以对于高职院校思想政治工作者来说，学生管理非常困难。构建以人为本的高职学生管理体系，根据现在学生性格特征，制定一些符合学生身心发展的规章制度，这样能够减少各种违纪事件的发生，减轻高职院校学生管理工作的压力。

三、以人为本高职院校管理体系的构建存在的问题

（一）学生管理的工作队伍不够强大

虽然很多高职院校，都构建了以人为本的管理体系，但是由于缺乏一支强大的工作队伍，学生管理工作队伍的执行能力不强，很多时候高职院校制定了相关规章制度，但是一些工作人员在实际中并未执行，依然按照个人的主观经验进行处理。例如某高职院校规定"辅导员每个月到学生宿舍

一次，关心住宿学生的生活情况"，但是很多辅导员或者班主任并没有按照规定去宿舍，甚至一个学期都没到宿舍一次。再如，某高职院校处于人性化角度，对于学生迟到严重者，班主任要与其进行沟通与教育，但是一些班主任认为学生已经那么大了，不需要管那么多，所以这种人性化的制度最后仅仅起到"一纸空文"的作用。其次，工作人员自身素质不过关，主要体现在沟通能力方面。学生管理工作者需要经常与学生沟通，做学生的思想工作，引导学生树立正确的世界观、人生观以及价值观，但是由于部分教师沟通能力较差，很多时候不会表达自己的思想，所以在教育学生方面效果不明显。

（二）学生管理手段与方法落后

俗话说"目标刻在钢板上，方法写在沙滩上"。构建了以人为本的高职院校管理体系之后，可以采用不同的方法进行管理，但是在实际管理中，部分工作人员的管理手段与方法比较落后。随着社会的发展，学生的自主能力日益受到重视，但现有的管理方法和手段，使学生失去了自我发展的机会，片面地接受学校的统一管理，思想和行动受到限制。这种管理手段教育出来的学生，难以应对多变的社会。

第三节 人本理念在高职院校学生管理中的应用

一、加快高职院校学生管理理念的更新

传统的管理理念认为，学校教育活动千头万绪，学情复杂，为了提高管理效率，只能通过一系列的措施来管理学生，管理的水平也以学生是否听话来衡量，强调发挥管理者的主导作用，认为只要严格执行管理者的决策、要求，就一定能取得良好的管理效果，实现管理目标。在这种管理理念的引导下，管理者往往按自己的想法去管理学生，对全校学生统一要求，很少考虑学生的需要、兴趣等，这样确实降低了管理的复杂性和难度，却压抑了学生的个性。例如，很多的高职院校安排教室，分配学生宿舍时，都是以系、专业为单位进行分配，将同专业、同年级的学生安排在一起，这样做虽然方便了学生管理，但是不利于学生的相互交流和启发，不利于学生拓宽知识面，更不利于学生的全面发展。

随着社会的发展，对高职毕业生的要求越来越高，除了要有扎实的专业知识，熟练的操作技能外，还要有较强责任心，强健的身体，勇于创新的精

神以及良好的心理素质，简单地说就是高职院校要培养全面发展的毕业生。这就要求高职院校的学生管理者要转变观念，牢固树立"以人为本"的管理理念，在高职学生管理过程中充分尊重高职教育的规律，尊重高职学生身心发展的特点，尊重高职学生的个性、需要，重视学生潜能的开发，全面提高学生素质。高职院校学生管理者在日常管理工作中应树立"一切为了学生"的教育观，转变"问题式"管理为"发展式"管理。我们期望看到"以人为本"的管理理念能被越来越多的高职院校的管理者认可和重视，并融入学生管理的实际工作中去。

二、推进高职院校学生人本管理的具体举措

（一）创建"以人为本"的和谐校园

1. 校园物质、文化环境建设应体现"以人为本"

高职院校的大学生绝大多数都是在学校住宿，生活、学习等日常活动多是在校园内进行，其情绪状态、思想品德、行为方式等都会受到校园环境的影响。校园的建筑设计、布局在兼顾观赏性的同时，应以方便学生使用为指导思想，充分体现人性化色彩。

高职院校是服务于地方经济的，高职院校的校园景观设计应能充分体现当地特色，使学生能更好地融入地方文化。学校还应加强校园的绿化、净化、美化建设，为学生提供一个优美的校园环境，不仅可以陶冶学生情操，还能使学生拥有愉悦的心境，提高学生学习、生活的效率。高职院校的文化建设应体现高职特色和学生特点，要让学校的每一面墙壁都会说话，说学生想说的话。如可在全校范围内征集学生最喜欢的名言警句、绘画作品或积极上进的网络语言等，这些内容往往最能体现时代特征，反映学生心声，可在学生中引起共鸣，起到潜移默化的教育作用。

2. 建立民主平等的和谐师生关系

在高职院校中应做到"教书育人、管理育人、服务育人"，教师本来就是学生管理队伍的一个有机组成部分，要搞好高职院校学生管理工作，需要全体教职员工共同努力。学生知识的获得、品德的形成都与教师息息相关，所以师生关系在高职院校学生管理工作中发挥着重要作用。高职院校中的很多矛盾冲突，都与师生关系都有着直接或间接的联系，这就要求教师要牢固树立"以人为本"的理念，建立民主平等的师生关系。

具体来说可从以下几方面入手：

（1）教师应发自内心的关心爱护学生

当学生缺少自信时，老师的关爱往往能成为学生的精神动力，引导学生走出雾霾，走向光明。原北大校长蔡元培曾说过，教育工作者应满腔热忱地去关心、爱护学生，以学生发展为己任，设身处地地站在学生的立场为学生多做考虑。不论学生的家庭条件、社会关系及成绩如何，教师都应该一视同仁，以平等的心态公平的对待每一位学生，着力打造公平公正的管理环境。

（2）教师应尊重学生

美国心理学家马斯洛在他的需要层次理论中明确指出人有尊重的需要，学生尊重的需要如果能获得满足，就会变的更加自信，反之就会自卑，不相信自己有能力获得良好的发展。因此，在高职院校中，要以人本理念来指导学生管理工作，教师及其他学生管理者要满足学生尊重的需要，充分理解学生，尊重学生，把每一位学生都当成是独立发展的个体，对学生的进步要及时给予表扬、鼓励，在学生犯错误时也要及时给予教育、引导，对成绩差、经常犯错的同学不能讽刺、挖苦，而应给予更多的指导和帮助。

（3）高职院校学生管理者还应多与学生沟通

有效地沟通是做好学生管理工作的前提，有助于建立良好的师生关系。但在高职院校学生管理的实际工作过程中，师生之间的交流过少，很多课程每周一次，教师上课就来，下课就走，师生交流很少；专职的学生管理者也往往被繁杂的日常事务所困扰，和学生交流的机会也不多。教师及其他管理者应深入学生第一线，多与学生交流，才能了解学生，真正理解学生，师生之间才有可能相互理解，减少冲突；只有了解学生，才能掌握学生的思想变化，为进行有效地学生思想教育工作提供依据；只有了解学生，才能知道学生面临的困难及情绪变化，才能"对症下药"，及时的对学生进行帮助和指导；也只有了解学生，才能想学生之所想，急学生之所急，做学生的贴心朋友，高效做好学生管理工作。

（4）管理应以激励为中心

同样，人本理念下的高职院校学生管理工作也应以激励为中心。在高职院校学生管理中常用的激励方法有目标激励、奖惩激励、榜样激励等，管理者要在了解学生的基础上，灵活地选择合适的激励方法，发挥激励的最大效用，促进学生更好地发展。

3. 创建健康的网络环境

网络因其快速而丰富的信息传播正被社会大众所接受，尤其是移动网络业务的开展，越来越多的大学生正潜移默化的受着网络的影响。高职大学生因上网时间相对较长，更容易受网络的影响。由于网络的虚拟性，很多网上的行为不受道德和法律的约束，一部分同学就降低了对自己的要求，不知不觉中也会影响到现实生活；学生使用网络实际上是一种人—机交流，时间长了会影响他们的人际交往能力，导致人际交往障碍；网络上除了有利于学生成长的信息外，还充斥着大量的不利于学生成长的信息，由于高职大学生辨别能力相对较弱，极易受到不良信息的影响，针对以上问题，高职院校应加强对学生进行人生观、世界观的教育，以提高其辨别能力，降低网络不良信息对学生的影响。高职院校还应加强校园网的建设，提高校园网内容的丰富性，最大化的发挥校园网的教育功能。开放学校计算机房，引入防火墙等网络工具，定期净化网络空间，尽学校之所能为学生提供一个健康的网络环境，减少网络对高职学生的不良影响。

（二）鼓励高职院校学生参与学校管理

高职院校学生管理工作贯彻以人为本的管理理念，尊重和信任学生是前提，在管理中还应确立学生的主体地位，实现学生的自我管理。苏霍姆林斯基指出，"只有能够激发学生去进行自我教育的教育，才是真正的教育。"

当今高职院校的学生都是"90后""00"后的"新一代"，他们的个性张扬，思想独立，讨厌学校纷繁复杂的规章制度，管理者事无巨细的管理行为，他们更期望学校、老师能给自己一个宽松、自由的环境，让他们自由的发展。虽然高职院校学生有很多不足的地方，但是只要管理者给予适当的指导，高职学生完全有能力管理好自己。所以高职院校的学生管理者应充分尊重学生的见解，适当放权，让学生自我管理，变"要我做"为"我要做"，增强学生在教育活动中的积极主动性和创造性，培养学生的管理能力，同时鼓励学生参与学校管理。

第一，可以通过学生会、学生社团的力量，充分发挥学生干部在同学中的影响力及模范带头作用，调动起学生参与管理的积极性。学生会、学生社团都是学生自己的组织，他们可以在老师的指导下自主地开展活动，既满足学生兴趣发展的需要，又有利于提高学生的自我管理能力，学校的管理者可指导学生适当扩大学生会、学生社团组织的规模，吸引更多的学生参与到自己喜欢的社团中来，充分锻炼自己。在社团的设置上，可结合高职学生注重实践技能锻炼的特点及学校专业开设情况，利用学校的实验实训室，灵活设置一些以提高学生操作技能为主要目的的社团，满足学生发展的需要。

第二，开展以学生公寓为主阵地的自我管理活动。现在的高职院校学生宿舍管理主要还是以系部、班级为单位展开的，宿舍管理纳入班级管理考核。为加强学生的自我管理能力，可单独开展以学生公寓为主阵地的管理活动，设寝室长、楼层长、楼长等岗位，为学生提供生活、学习、人际沟通等方面的服务，定期开展工作质量考核，成绩优异的单位可给予适当奖励。

第三，充分体现党、团组织的先进性，发挥学生中先进党员、团员的榜样示范作用，利用党团活动对广大学生开展世界观、人生观、价值观教育。

（三）完善高职院校学生服务机制

社会行政管理强调服务功能，高职院校学生管理贯彻"以人为本"的管理理念，更应强调其服务功能。高职院校的学生管理者应转变观念，增强服务意识，变教育活动为服务活动，服务的对象是学生的全面发展，是对学生全方位、全过程的服务。

1. 加强大学生心理咨询服务机构建设

高职院校学生学习压力相对较大，除此之外，经济压力、情感压力、就业压力也随社会的发展越来越大，而他们的耐挫折能力却有所下降，导致很多学生出现不同程度的心理健康问题。近些年来，有些高等职业院校甚至出现学生因不堪各种压力的重负而选择自残甚至自杀的情况，高职大学生的心理健康问题越来越引起社会、学校的重视。《中共中央关于进一步加强和改进学校德育工作的若干意见》指出："要积极开展青春期卫生教育，通过各种形式对不同年龄层次的学生进行心理健康教育和指导，帮助学生提高心理素质，健全人格，增强承受挫折，适应环境的能力。"

高职院校在学生管理中贯彻人本理念，"以学生为本"，就要关注学生的心理健康问题。实践证明，心理咨询与辅导是提高大学生心理健康水平的有效途径，所以高职院校应加强学生心理咨询机构的建设，为学生提供心理测评、心理档案的建立及管理，学生心理咨询与辅导、团体辅导、危机的预防与干预等服务，帮助学生调试心态，解决心理困惑与压力，使学生以阳光心态面对生活、面对学习。

学生心理咨询与辅导是一项技术性很强的工作，学校必须在人力、物力、财力上给予大力支持。选派教育学、心理学、医学专业的老师进行专门的培训，建立起高水平的学校心理咨询师队伍；学校要为学生心理咨询机构安排固定的场所，配备相关的仪器和设备；建立校内心理咨询网页、咨询热线等，通过多种途径帮助更多的学生维护心理健康，提高学生的心理健康水平。

2. 建立大学生勤工助学服务机构

所谓贫困生是指在高职院校就读期间，家庭所能筹集到的资金难以支付学费、住宿费等各种费用的学生。随着我国办学体制的多元化和收费制度的改革，高职院校中贫困生的比例高达20%~30%，高于全国高职院校的平均水平，一些地方性高职院校贫困生比例更高，这一状况给高职院校的学生管理带来新的内容。目前我国高职院校学生资助的渠道主要有奖学金、国家助学金、助学贷款、减免学费等，渠道虽多，但名额有限，不能普及到每个贫困生身上，很多贫困生只能通过勤工助学的形式解决生活困难问题。但很多的高职院校没有专门的大学生勤工助学服务机构，学生勤工助学只能是自己联系，这样机会少，待遇低，安全性也难以保障。高职院校可以成立专门的学生勤工助学服务机构，利用高职院校服务地方经济的优势，加强与各部门、单位的联系，为学生勤工助学开辟新路子，提供更多的勤工助学岗位，既帮助学生解决了实际困难，又锻炼了学生的社会适应能力、工作能力，促进了学生的全面发展。

3. 成立大学生就业服务机构

做好毕业生就业指导工作是做好学生管理工作的重要内容之一。近几年是我国高职院校快速发展期，毕业生逐年增多，高职毕业生求职的难度增加，以致很多学生在读书期间就产生了"读书无用"的想法，增加了高职院校学生管理的难度，所以学校要加强学生就业指导工作，通过"抓培养促就业，抓就业促招生"，推动学校工作又快又好的发展。

通过对学生的访谈发现，当前大部分高职毕业生对未来职业期望太高，如不愿到农村、基层工作，不愿到生产第一线，工资要求明显高于当地平均工资水平等，以这种心态去求职的话，一定会四处碰壁，增加学生的挫败感和焦虑心理。为避免学生"毕业即失业"情况的出现，高职院校应成立专门的就业指导服务中心，配备专门的就业指导教师，运用心理学的方法帮助学生分析自身特点，找准职业定位，再结合市场行情，指导学生科学就业。

作为高技能人才培养主体的高等职业院校，理应为毕业生就业提供各种有利条件。高等职业院校可借助自身具有人才的集中性、专业性等特点，利用高职院校在地方经济建设中的影响力，通过人才交流会、供需洽谈会等多种多样的形式，搭建起毕业生与用人单位间的桥梁，充分发挥学校在推动毕业生就业中的重要作用。学校还应利用自身优势，主动加强与用人单位的联系，收集毕业生供需信息，建立毕业生就业网络，及时给学生提供就业信息，帮助学生就业。即使学校多方努力，在双向选择的就业市场上，可能还有一些毕业生一时很难找到合适的工作，针对这种情况，学校在学生读书期间就应该指导学生转变观念，变被动择业为主动创业，加强学生创业意识的培养，通过创业课程的开设和相关活动的开展，为学生将来自主创业积蓄能量，鼓励学生积极创业，在创业过程中出现难题学校可给予帮助和支持，为学生的自主创业创造更好地条件。

（四）加强高职院校辅导员队伍建设

高职院校应坚持以人本理念来指导学生管理工作，人本理念强调"人"这一因素，注重发挥学生的主体性，但并不是说不需要管理，而是需要更高层次的管理，这就对高职院校学生管理者提出了更高的要求。辅导员、班主任是高职院校学生管理队伍的主体，他们与学生接触最多，负责学生日常事务及思想教育工作，因此，加强高职院校辅导员队伍建设，提高辅导员整体素质是做好学生管理工作的基础。

当前高职院校辅导员队伍年轻化特点非常明显，大部分辅导员是刚走出校门的硕士研究生，他们年轻，更容易与学生的沟通，但另一方面由于缺少经验，学生管理的方式、方法都不够成熟，管理过程中容易出现这样或那样的问题。针对我国高职院校辅导员队伍的现状，可从以下几点入手，提高辅导员队伍的整体素质：

第一，高职院校在选拔辅导员时应严格筛选。由于高职院校的学生与一般本科学生相比，更难以管理，所以首先应强调应聘者的工作态度和责任感，只有具有强烈的责任感才能在遇到难题时不退缩、不推卸，把学生的发展时刻挂在心上。现在很多高职院校在选拔辅导员时要求专业与要管理学生的专业相近，认为这样有利于指导学生学习。辅导员的主要工作是对学生进行思想教育和行为管理，具有教育学、心理学、管理学、社会学等专业背景的人更有利于辅导员工作的开展，因此，学校在选拔辅导员时应侧重于这些专业人才的录用，提高辅导员队伍的素质。

第二，新入校的辅导员一般比较年轻，生活阅历浅，工作方法简单，很难适应高职院校学生发展的新特点，所以学校应对辅导员进行有计划、有组织、有目的的培训，除了常规的教育学、心理学等知识培训外，还应帮助辅导员分析学情，请优秀辅导员作报告，传授工作经验等。通过长期系统的培训切实提高辅导员队伍的整体素质。

第三，高职院校对辅导员也应执行人本管理，鼓励辅导员工作创新，制定科学的辅导员绩效考核体系，对工作优异的辅导员应提供更多的业务进修及职务晋升的机会，更好地调动辅导员工作的积极性。

第四节 高职院校学生自我管理模式研究

一、学生自我管理相关概念

（一）学生自我管理与自我管理能力

1. 自我管理

学生自我管理是指学生在国家教育目的和学校的培养目标下，在教育者的指导下，充分发挥自身的主观能动性，积极、主动、自觉地开发潜能，规范言行，调控与完善心理活动的实践过程，也是学生自我学习、自我教育、自我发展的实践活动。

2. 自我管理能力

（1）自我管理能力概念

有学者将自我管理能力定义为：拥有自我意识、自主意识和自由能力的个体，在正确地认识自己的前提条件下，为了实现组织的目标，通过合理的自我设计、学习、协调和控制等环节，以获得个人自我实现和全面发展为价值诉求的管理实践活动。根据高职院校学生的特点，可以将学生的自我管理能力概括如下：知识技能方面，包括自我目标管理能力、自我学习管理能力和自我技能管理能力；社会生活方面，包括自我人际管理能力、自我时间管理能力、自我角色认知能力和自我金钱管理能力；行为心理方面包括自我行为管理能力、自我心理管理能力和自我激励管理能力。根据以上自我管理与自我管理能力的内容将自我管理能力简单定义为：即主体为达到和实现自我管理所应具备的能力。对于高职学生的自我管理能力的概念则以单独个体层面进行主体界定，主要强调的是学生的个人自我管理能力。即以社会发展为背景，大学生个体按照社会的要求和自身发展的需要，发挥自身能动性，使大学生在德、智、体、美、劳等方面全面发展，从而实现自身社会价值所应具备的能力。

（2）自我管理能力的特点及内容

大学生自我管理能力强调的是学生自我管理，即管理的主体与客体有统一性的特点；同时也重视学生的自身能动性，只有学生自身能管住自己，才能在根本上提升学生自我管理能力；自己管理自己，也凸显了学生在自我管理内容上具有自主性，即学生在哪些方面能管住自己是由学生自己决定的。因此，需要家庭、学校和社会等方面协调统一，加强对学生的引导，促使学生实现自我认识、自我计划、自我激励，提升学生的自我规划管理能力、自我学习管理能力、自我资源管理能力、自我健康管理能力，并通过自身的努力去实现自身价值和提高综合素质。

（二）培养高等职业院校学生自我管理能力的必要性

1. 有利于提高高等职业院校辅导员的工作效率

实行学生自主管理，不仅可以减轻辅导员和班主任的工作负担，提高工作效率，还能使学生参与班级和院系的各项事务，培养学生的多方面能力。有利于辅导员角色的转换和师生关系的良好发展。

2. 有利于促进高等职业院校学生的全面发展

我国现代教育的目的是促进人的全面发展。人的全面发展意味着人自身潜能的充分挖掘和个性的自由发展。要实现这些目标就要求高等职业院校在教育过程中应充分发挥学生的主观能动性和创造性，培养学生的自主性、创造性等方面的品质与能力。在学校创造了环境和条件的情况下，学生进行自我管理，不仅能够调动自身的主观能动性，而且可以使他们在自我管理过程中认识自己以及自己与客体的关系，并能据此对个体的思想和行为作出评价和调节，从而提高学生的自我意识水平和自我教育能力。学生在个性的发展过程中，逐渐形成自我教育的意识、意志和能力，把学校和社会的要求转变为自身的期望、需要和责任，做出自我调节和控制，从而达到自我管理的目标。

4. 有利于促进高等职业院校学生的职业发展

高等职业院校的学生在校期间，不仅要学习文化知识和专业技能，还要学习相应的职业道德和职业能力，为将来的职业发展奠定基础。

高职学生在校园中进行各种自主管理活动和管理集体事务的同时，也进行着个人的自我管理。高职学生通过自我管理在促进个体的全面发展的过程中，还会潜移默化地提高个人的管理能力和社会适应能力。将职业经理人的自我管理能力引申到高职学生身上，学生在自主管理过程中，自己进行目标设定、实施进程、时间控制、自我反省、达成目标等，锻炼并培养了职业管理能力，使他们在进入职业岗位后，能够快速胜任。

二、高职学生自我管理能力培养的目标及原则

（一）我国高职学生自我管理能力培养目标

窦胜功、周玉良的《情商决定一生》一书的第五章第五节"培养孩子良好的个性"中将孩子良好的行为习惯概括为"生活上自理、知识上自学、行动上自律、决策上自主、品德上自修、评价上自省、心态上自控、感情上自悦等"。很多专家学者将其引用到高职学生的管理中来，归纳为学生自我教育、自我管理的目标和内容。

本节在借鉴以上内容的同时，又参照成功经理人的十二项自我管理能力，同时根据高职院校学生的特点，将高职学生的自我管理能力概括为以下三大项：知识技能方面、社会生活方面及行为心理方面的能力，具体如图 2-1 所示：

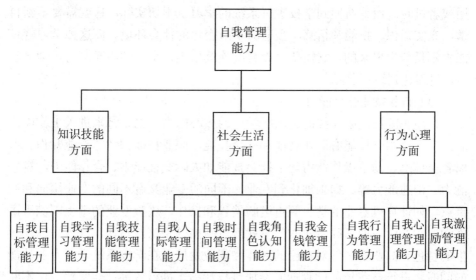

图 2-1 高职学生的自我管理能力

1. 知识技能方面

（1）自我目标管理能力

人在成长过程中，总是在不同目标的指引下不断奋斗和进取，如此循序渐进，不断成长。而对于学生来说，学习目标是指引他们不断学习和进步的总方向。学生们每天的学习与生活，可以理解为是一个不断提出目标，不断追求目标，不断调整目标并实现目标的过程。高职院校的学生要结合个人的志向、爱好、专业、职业发展和社会需要等因素确定个人的奋斗方向和目标，通过对自我目标的管理，自我督促学习，不断提高个人的知识和技能，德、

智、体、美、劳全方面发展，从而成为合格的高技能人才。

（2）自我学习管理能力

学习是每个人从自然人发展成为社会人的必然途径和手段，是人类生存与发展的推动力。人的知识和能力都是从学习和实践中得来的。作为学生，学习是主要任务，学生们的竞争力就表现在学习能力上。因此，学生最重要的管理能力是自我学习管理能力，当今是一个竞争激烈的时代，人只有具备良好的自我学习管理能力，根据社会需要和个人目标主动学习，才能够在社会上生存与发展。

联合国教科文组织的《学会生存——教育世界的今天和明天》指出明天的文盲将不是目不识丁的人，而是不知道如何学习的人。在信息时代的今天，信息更新和技术进步的速度越来越快，人在一生的职业生涯中，将会从事不同的职业和变换工作地点，学生毕业后，在学校里所学的知识就会显得不够用或者过时。而重新回到学校进行系统的学习也不切实际，这就需要不断自学，充实知识、技能和情感，去适应不断变化的社会环境。而这种学习管理能力不是与生俱来的，它需要靠教育的连续培养，个人的不断努力，学会学习，进而达到终身学习。

（3）自我技能管理能力

在高职院校，职业技能是高职学生的核心能力，也是将来进入工作岗位后的生存之本。技能有职业技能和社会技能，职业技能如学习专业知识、考取各类证书、动手操作能力等；社会技能如人际交往能力、合作能力、竞争能力、沟通能力等。如果细化到专业，不同的专业又有不同的专业倾向和侧重点，如计算机专业的学生侧重电脑编程和操作，旅游专业的学生则侧重语言沟通和交际，而新闻专业的学生就侧重新闻的采访与写作，这也是高职学生的特色。高职学生针对自己的专业和职业发展，在学校系统学习专业技能的同时，进行自我技能的管理，参加科技活动，进行各种社会实践等，不断提高自己的专业技能。

2.社会生活方面

（1）自我人际管理能力

有人的地方，就有人际交往，只要有人际交往，就必然形成人际关系。高职学生虽然处在高职院校这样的环境中，但大学的开放性，使他们有机会接触更多不同的社会群体，这就要处理不同的人际关系。在与人的交往中，要遵循集体主义原则，尊重人、关心人、爱护人，建立和谐的师生关系和同学关系。

（2）自我时间管理能力

自我时间管理能力即根据个人的情况妥善管理自己的时间。在高职院校中，很多学生有这样的疑问：为什么有的学生在有限的时间里既考到了好成绩又担任学生干部处理各种事务，还能使自己的课余生活丰富多彩呢？答案就是这些学生善于进行自我时间的管理。

时间是人最宝贵的资源。每一名学生都应该对自己的时间进行有效管理，根据自己的情况确定这段时间应该做什么，不该做什么，提高效率，做到事半功倍。

（3）自我角色认知能力

在不同的环境中，人们扮演着不同的社会角色。高职院校的学生，虽然还没有真正进入社会，但是随着接触面的不断扩大，他们会遇到各种各样的人，要处理各种各样的事情，尤其是进行实习的学生和正在找工作的毕业生，他们的角色由学生转变为公司员工，并且夹插于公司、上级、同级及客户之间，若没有正确的个人定位，往往处理不好人际关系，直接影响工作和学习的顺利进行。

高职学生在校期间要认真学习自己专业的职业道德和该职业的法律法规，从道德和法律的高度认识自己和将来从事的职业，做好角色转换，调整好情绪和心态，将来才能真正融于社会，做好本职工作。

（4）自我金钱管理能力

高职学生在离开父母后，日常的花费便由自己做主。有些学生便开始随意地大手花钱，部分学生还产生了攀比心理，把父母给的生活费随意挥霍，养成了不良习惯，甚至极少数学生将学费也用在了吃喝玩乐上，在校园中造成了不良影响。因此，要培养高职学生的生活自理能力就要培养他们的自我金钱管理能力，使他们树立金钱管理意识，建立明细的金钱账目表，明确每一笔花销的去向，倡导学生把金钱用于知识的获取和技能的提高上。

3. 行为心理方面

（1）自我行为管理能力

根据社会伦理和组织所制定的行为规范，每个人的行为都分为正确的行为和错误的行为。高职学生要学习法律基础知识，本专业的法律法规，高职学生日常行为规范和各个学校制定的本校学生手册等内容，分清是非，以此来规范自己的行为。在做事情时，要对照法律和规章制度，考虑这种行为是否正确，自我行为管理是否已达到职业化行为规范的要求。实习生和进入工作岗位的毕业生更应该坚守职业操守，遵循职业道德，才能体现高职学生的职业化素质。

（2）自我心理管理能力

自我心理管理能力包括自我心态、自我情绪、自我反省等管理能力。

自我心态管理能力是个人为了达到人生目标进行心态调整以达到实现自我人生目标、实现最大化优化自我的一种能力。作为高职院校的学生，不仅有学业的任务，还要面对就业的压力，要善于进行自我心态的管理，随时进行心态的调整，确保能够保持积极的心态。

情绪改变人的生活，不仅对建立良好的人际关系有影响作用，与他人友好相处也要调整控制自我的情绪。在高职院校中，很多学生间的冲突矛盾都是由于某些学生过于冲动，控制不好自己的情绪，由口角矛盾逐渐扩大成了暴力冲突。职业经理人的自我情绪管理能力中说成功的最大敌人是缺乏对自己情绪的控制。高职学生虽然还没有真正走入职场，但是在求学阶段，同样要与人相处，也有社会实践、顶岗实习等经历，在与人相处和实习过程中，同样要控制好个人情绪，遇事要冷静，并及时化解不良情绪，将此作为工作前的锻炼，进入工作岗位后，才能更快地胜任职位，获得一次又一次的成功。

孔子曰："见贤思齐焉，见不贤而内自省也。"又有曾子曰："吾日三省吾身：为人谋而不忠乎与朋友交而不信乎传不习乎"说的都是自省，即个人思考过去发生的事情，从中总结经验，吸取教训。高职学生虽然做不到像曾子那样每日三省吾身，但是每一个人都应该经常地反省自己，加强自我修养，去除心中杂念，理性地认识自己，才能对事物有清晰的判断；另一方面，还可以提醒自己改正错误，弥补过失。只有经常全面地进行反省，才能真正认识自我，并付出相应正确的行动，才能不断地完善自己。作为学生，在每天的学习生活中会不可避免地犯这样或那样的错误，自我反省是不可或缺的。所做的工作是否不够尽心？与人交往是否不够诚信？老师传授的学业是不是反复练习实践了？职业技能是否应用熟练？经常进行自我的问答，不断检查自己行为中的不足，切实意识到问题的客观存在，及时反思自己失误的原因，寻求解决途径，吸取教训，不断进行自我的完善。

（3）自我激励管理能力

对于高职学生，自我激励主要是指在学习和生活中，为达到目标，督促、鼓励自己不怕挫折，不断克服困难，应对挑战，努力奋斗的意志行为。因此，高职院校要培养学生的自我激励能力，引导学生树立自我实现的目标，调动其积极性，坚持奋斗，努力进取，使他们能够找回自信，正视自我，把握好未来的职业方向。高职学生都要不断地进行自我激励，使自己永远具有前进的动力，推动将来事业的成功。

（二）我国高职学生自我管理能力培养原则

1."三全性"原则

"三全性"即全体性、全面性、全程性。

全体性即自我管理能力培养是针对全体学生，让全体学生充分发展，使他们能够自主学习，自治管理，从而全面提高自身素质，拥有综合职业能力。

全面性即培养"有理想、有道德、有文化、有纪律"的四有新人，使学生的德、智、体、美、劳全面发展，身心健康和谐发展，造就全面素质发展和综合职业能力的高级职业人才。

全程性即培养学生的自我管理能力必须是贯穿于学生的整个求学期间，并落实到每一个教育教学环节上，使学生在学习和训练过程中，潜移默化地提高自我管理能力。

2.计划性原则

高等职业院校的学生素质不同，兴趣爱好也不同，个体之间差异较大，这就要求教育工作者要因材施教，有针对性、有计划地培养学生。学校和教育者应针对每一个学生的不同特点，根据社会对不同职业从业人员的素质要求，结合学生的身心特点，因人而异地引导学生，循序渐进地，有计划地为学生的自主学习、自治管理、职业发展提供学习机会，创设良好的学习情景与环境。

学生也应正确定位自己，为自己的学习和职业发展定好目标，制定好计划，一步步实施，努力提升自我。

3.组织性原则

高等职业院校的学生自我管理是要在学校组织和老师的指导下，有组织、有计划地进行，并不是让学生脱离学校和老师，随心所欲地进行各种活动和事务的管理，当然，学校和老师也不能任由学生自由行动，不受约束。学校在为学生创设自我管理环境和条件时，要制定各种规章制度，以确保学生在有约束的情况下自我管理的有效进行。

学生自我管理要坚持组织性原则就是要坚持民主集中制。学生管理机构的设置，各级干部的选聘，学生自我管理工作的民主化等都要做好，这样才能保证学生自我管理机制的正常运转。

4.阶段性原则

高等职业院校的学制为年或年，学生的身心发展也呈现阶段性，可以概括为入学阶段、成长阶段和毕业阶段。针对三个阶段，学校和教师要实施不同的管理原则，并对学生进行不同能力的培养。入学阶段，学生进入新的环境，会感到生疏和无助，因此要重点培养学习和生活方面的自我管理能力，使他们养成良好的学习和生活习惯。成长阶段，学生熟悉了学校规章制度和管理模式，建立了和谐的人际关系后，可以将一些班级和其他团体的事务管理教给学生，并逐步培养学生的社会生存能力。毕业阶段，学生即将进入社会，开始自己的职业生涯，因此要重点培养和锻炼他们的职业能力和社会生存能力，还要不断激励学生，调整好学生们的心理状态，顺利走上工作岗位。

5. 实践性原则

为了增强自身的社会生存能力，保障职业的可持续发展，高职院校要进行实践活动的不断练习和训练，培养学生的管理能力。学生在实践中认识、总结，再实践，再认识，循环反复螺旋上升，在此过程中学会学习，学会合作，学会生活，不断地适应社会。学生们在实践中建构自己的知识，锻炼了技能，培养了能力，获得了真知，促进了学生全面素质和综合职业能力的提高。

三、提高我国高职大学生自我管理能力的对策

（一）更新高职教育管理理念，是加强自我管理的前提

随着我国教育改革的不断深入，我国高等教育已经由过去的"精英教育"转变为"大众教育"。在这种转变下，学生的整体素质相应的发生变化。在这种转变下，要求高等学校必须更新教育管理理念，制定出以适应学生素质提高的管理策略。

苏联著名教育家霍姆林斯基说："只有能够激发学生去进行自我教育的教育，才是真正的教育。"传统教育模式以学校、教师对学生的管理为主，学生是被动的管理者。大学只有充分发挥学生的自我管理作用，引导学生培养自我教育和自我管理方面的能力，促使大学生学会做事，学会如何做事，学会学习，学会如何学习，更新大学教育管理理念，将自我管理教育纳入大学的教育体系中，渗透到各学科、各专业及具体的教学环节中，使高职大学生在学习专业知识，不断拓展自己的知识结构的同时，提高学生自我管理意识，培养全面的、协调的、与时俱进的创新型人才。具体途径为：分阶段提升高职学生自我管理能力及正确引导高职大学生树立正确的自我管理的理念。

1. 分阶段引导高职大学生逐渐提升高职大学生自我管理能力

由于高职大学生入校的三年中，每年的情况都不一样，以年级为阶段逐渐培养学生自我管理的能力。

大学一年级阶段，由于高职学生刚从高中走出来，此时的重点是熟悉学

习、生活环境，构建周围人际关系。学校在此阶段的工作重点是提升学生的自立、自理能力，让学生明白大一阶段需要完成的目标，并对高职三年学习生涯有大致的学习规划，具体的方法是通过开办各类讲座，鼓励学生参与各种社团及活动，调整学生的思维方式、学习习惯、社交能力等，从角色上转变为大学生。

大学二年级阶段，由于学生有了一年级的熟悉和调整，从行为和心理上已经具备了大学生的自理、自立素质，从专业知识上开始加强学生学习意识，并树立学生的职业观念，培养高职学生所应具备的职业操守和社会道德，教学生如何做人，如何将这些观念应用到以后的工作中去，从各方面严格要求自己，将自我管理能力落到实处。

大学三年级阶段，学生经过两年的学习，已经基本具备自我管理能力及所需掌握的专业知识，此阶段就是要学生将所学予以致用，学校要鼓励学生接受社会考验，积极参加社会实践活动，让学生学会自我管理、自我约束、自我保护、提高学生综合素质，提高竞争能力，学会合作，为毕业踏入社会做准备。

三年的高职学习生涯中，每一时期学生所处的阶段不一样，需要学校加以引导，同时学生要根据自己的实际情况，加上社会、自身的努力，逐渐完善自我。

2. 高职院校积极引导大学生积极树立自我管理理念

高职学生树立自我管理理念，是学生成才以及以后迈入社会所需具备的基本能力。学校在树立学生的自我管理理念方面途径比较多，首先需要学校在教学管理方面引起重视，并将这种思想具体落实到各种活动中去，比如开展各种讲座、论坛等形式，引导高职大学生学会自我管理的具体方法，逐步培养学生的自我管理能力。

（二）建立健全高职学生自我管理体系，是加强自我管理的保障

1. 日常生活与学习活动是加强自我管理的主阵地

高职院校要培养学生的自我管理能力，首先就需要在学生的日常生活和学习活动上下功夫。营造民主、团结、积极、上进的日常生活和学习活动，让学生自我管理理念深入学生心中，自觉加强自我管理。

在日常生活中，让学生正确的认识自己，制定出符合自己的日常行为规范，以实现自我管理和自我教育。

在学习上，以培养学生的自学能力为途径。自学是独立获得知识和技能，培养能力锻炼品德的一种学习活动，它可以培养学生的创新能力，将学生业

余时间转移到正常、有序的日常生活和学习中来。

2. 班集体活动是加强自我管理的重要基地

班集体活动是培养学生自我管理的最佳方式，通过学生自身组织以促进学生自我管理能力为目的的班集体活动。在共同的活动目标下，将所有学生都组织起来，不仅培养了学生的团结精神，同时促进了学生的交流和集体观念，促进学生的自我教育，形式主要包括：

（1）组织健全的班集体学生干部管理制度

班集体学生干部是班集体学生管理的重要力量，在辅导员的指导下，班级成员之间相互合作，进行学生事务的管理，开展多种形式的活动，培养了学生的自我管理能力。

班集体学生干部可以通过竞选的形式，提升学生参与的积极性，这样不仅锻炼了学生的班集体管理能力，同时也凝聚了班集体的团结力，提高了学生的自我管理能力。教师和学生之间由于年龄的原因，举办各种班集体活动时要多咨询学生，活动要贴近学生的喜好和实际，以满足学生的心理需求。

（2）学生组织及社团活动是加强自我管理的重要平台。

各类学生组织及社团活动是培养学生加强自我管理的重要平台。

学校所搭建的各种学生组织及社团活动多以培养学生的实践能力和喜好为目的，更是为了提升学生的自我管理能力。通过参加各类活动提高学生的自我设计、组织管理与协调能力，多鼓励学生积极踊跃参加各种社团和组织，凭借各种学生组织和社团活动，让学生有事可做，有事可筹划，从中获得成就感和自信心。通过活动的开展逐渐培养学生良好的品德，提升学生的领导组织能力和分析综合能力。

（3）充分运用网络开展学生自我管理能力培养

以辅导员或管理者为负责人，以网络为平台，建立班级 QQ 群、班级微博、微信群等，将思想政治教育扩展到网络，建立网络虚拟社区，加强学生与教师之间的沟通交流，充分运用网络资源加强对学生自我管理能力的培养。

（三）社会实践是加强高职学生自我管理的重要途径

社会实践可以大致分为两类：根据专业而选择的对口社会实践和创业实践，无论何种社会实践都能有效地加强高职学生自我管理能力。

1. 社会实践活动有利于缩短理想与现实的差距

社会实践活动是一种将学生思想与现实相衔接的最好途径，通过学校的各种社会实践活动，有利于纠正学生的思想，与社会、现实挂钩，缩短理想与现实的差距。

2. 社会实践是自我检查、自我控制能力提高的过程

社会实践是大学生对理论知识的转化和拓展，可以培养他们运用理论知识解决实际问题的能力。大学生以课堂学习为主要接受方式，这对大学生来说非常重要，但这些理论知识并不代表大学生的实际技能。社会实践是大学生接近社会和自然，获得大量的感性认识和许多有价值的新知识，同时使他们能够把自己所学的理论知识与接触的实际现象进行对照、比较，把抽象的理论知识逐渐转化为认识和解决实际问题的能力。

3. 社会实践为学生提供了独特的自我评价途径

社会实践活动将学生与现实世界相衔接，通过社会实践活动直接提升学生的自我管理能力、专业技能水平及思维方式。通过社会实践的开展充分修正学生的核心价值观，树立正确的自身评价意识，为人生的发展起到关键的作用。

（四）职业生涯规划是加强高职学生自我管理的有效载体

高职大学生的职业生涯规划，是结合自己的兴趣、爱好及专业特长及知识结构的基础上，对人生发展所做出的方向性方案。

美国学者德鲁克认为："一个人只能根据长处做出成绩，一个人不可能把成绩建立在弱点的基础上，更不必说把成绩建立在根本做不了的事情的基础上"。职业生涯规划的前提是建立在正确的自我认知上，有了正确的职业生涯规划，就有了发展的动力及奋斗的目标，并自觉地加强自我管理。

（五）提高教师及管理者管理水平是提升学生自我管理能力的关键

高质量的教育才能培养出高质量的人才，所以适时构建、提升基于学生特点的高质量教师管理队伍及水平是提升学生自我管理能力的关键。

子曰："其身正，不令其行；其身不正，虽令不从。"这就是告诉我们，作为传道授业解惑的教师，其自身必须端正，为学生做出表率，那么学生自然就会跟从，如若教师自身不正，那么虽然三令五申，学生也不会服从。肩负"教师育人"使命的教师在教授别人之前需要提升自身素质与修养。"学高为师，身正为范"，在生活和学习等多方面要主动做好榜样，通过言传身教来感染学生、打动学生，学生在潜移默化中也具有了高尚的情操。

辅导员岗位对于高职院校来说，占据着举足轻重的地位，对辅导员经常培训，提升其管理能力，是每个高职院校必须重视的一项工作。提升辅导员的工作素质与人格魅力，不仅可以拉近与学生之间的距离，易于学校开展各种工作，同时也可以逐渐提升学生的自我管理能力，让学生在辅导员的影响

下，学会学习、学会生活、学会自我管理、学会交往等。

学生自我管理能力的发展，是一个长期的、多方面共同努力的结果。除了学生自我作用外，家庭、学校和社会在学生的自我能力培养中扮演着重要的角色。这就要求我们不仅要重视学生的内在因素的培养与引导，更需要思考学校、家庭和社会在培养学生自我管理能力方面的行为与影响。在正确引导和教育的同时，站在学生的角度看待问题，既要重视家庭教育、学校教育和社会教育，也要充分发挥学生个人自我管理的作用，促使大学生自身全面发展。

第三章 以企业化模式创新高职院校学生管理

目前，我国的高职教育已经成为高等教育的重要组成部分，正朝着大众教育方向发展。同时高职院校的生源不断扩大，办学层次多种，学生素质参差不齐，给学生管理工作带来很大挑战。本章在学生管理工作中深入企业管理理念和企业文化，适应当前高职院校以就业为导向的办学宗旨，实现了学生与企业的"零距离"对接，为学生将来零距离就业打下坚实的基础，具有重要的现实意义。

第一节 学生企业化模式管理概述

一、企业管理理念与企业文化

（一）企业管理的含义

企业管理的定义，就是企业为达到既定的目标，对企业的生产经营活动进行计划、组织、领导、控制，以充分运用企业的人力、物力和财力，使其发挥最大的效用。其次是关于企业管理理念。所谓企业管理理念，就是企业领导者包括全体员工在企业生产经营建设全过程中用科学的制度、方法对内外部资源合理配置并不断寻求新的发展而形成的一种共识，是与时俱进的价值观。其本质上是一种对管理者的思维起指导作用的方法论。

（二）企业文化

1.企业文化的定义

美国学者约翰·P·科特和詹姆斯·L·赫斯科特认为，企业文化是指"一个企业中的各个部门，至少是企业高层管理者们所拥有的那些企业价值观念和经营实践。"谭道明认为：企业文化是指企业职工在从事商品生产与经营中所共同持有的理想信念、价值观念和行为准则，是外显于厂风厂貌、内隐于人们心灵之中的、以价值观为核心的一种意识形态。

企业文化的概念可以这样表述：企业文化就是在一定的社会历史条件下，企业在长期的生产经营过程中形成的具有自身特色的精神财富及其物质形态，包括企业价值观、企业精神、道德规范、行为准则、风俗传统以及企业制度、文化环境、企业产品等。

2. 企业文化的特征

人本性。企业通过文化因素对员工的价值观、精神、道德等进行引导和控制，以使企业顺利实现目标。企业文化是文化的本质和人的本质的统一，所以总是体现着以人为中心的特征。

传承性。经过漫长岁月的磨炼和经验的积累，企业文化会逐渐形成相对稳定的传统，企业成员在这种传统的优势中与企业同心同德，共创未来。

创新性。企业文化也要与时俱进，随着企业的发展要求不断创新进取，正确地引导企业的思维方式、价值观念和行为模式。

独特性。每个企业的发展历程是不同的，每个企业的经营管理的手段和方法也不同。

因此，形成每家企业文化的各具特色，表现出其明显独特性。

（三）先进的企业理念和企业文化介绍

第一，人本管理理论。彼得·德鲁克曾说"企业只有一项真正的资源——人"。"企业即人"，企业无"人"则"止"。企业就是一个有血有肉的生命体，其生命活力之源就是人。正松下幸之助所言，"没有人，就不存在企业"。"企业为人"，人本管理认为：管理的本质是激励。

第二，集权与分权的统一，注重员工的权力，并参与企业的管理。有效管理的关键是职工参与，全员参与的管理充分体现了以员工为主体的管理方式，以及企业人性化管理的模式，从而使人人都有授权的感觉。

第三，培养和发挥员工的团队精神。所谓团队精神，简单来说就是大局意识、协作精神和服务精神的集中体现。团队精神要求有统一的奋斗目标或价值观，而且需要信赖，需要适度的引导和协调，团队精神强调的是组织内部成员间的合作态度，为了一个统一的目标，成员自觉地认同肩负的责任并愿意为此目标共同奉献。团队精神在企业文化建设中有着非常重要的意义，团队精神是企业生存发展的灵魂，只有充分发挥团队精神，企业才能发展壮大。另外，团队精神把企业变成一个命运共同体，每个员工都要充分发挥自己的聪明才智，营造团结和谐的企业文化，提高管理效能和工作绩效，使企业逐步走向成功。

第四，利用激励手段发挥员工的积极性。激励是一个领导行为的过程，它主要是激发人的动机，使人产生一种内在动力，朝着所期望的目标前进的活动过程。

第五，应用精细化管理手段进行管理，工作程序精细化，注重以员工的利益为出发点。

第六，运用目标管理理论去经营企业，企业和每个员工都设立自己的奋斗目标，共同朝着目标努力，推动企业的全面进步。

二、学生管理企业化模式

高职院校学生管理企业化模式，主要是指在先进企业理念和企业文化的指导下，对学生有目的、有计划、有组织地进行教育管理和服务，将学生培养成为德、智、体、美、劳全面发展的社会技能型人才。

本节主要是研究高职院校学生管理的企业化模式，高职院校的办学方针是"以服务为宗旨，以就业为导向"，对人才的培养目标是培养面向生产、建设、管理、服务第一线的技能型人才，基于这些特点，学生管理中引入企业管理的理念与方法是非常必要的，不仅可以使学生在校期间学好理论知识、专业技能，还能够感受企业氛围，缩短学生就业的适应期。这种管理模式对企业和学校产生双赢的效应。对于企业来说，有利于人才的引进和技能的交流；对于学校教师来说，可以不断汲取企业的知识和理念，开拓视野；对于学生来说，可以提高职业素质，实现学生和准职业人的对接。

第二节 高职院校学生管理导入企业管理模式的可行性分析

目前，高职院校正朝着产业化、市场化、国际化的方向发展，其管理也由过去的办高职院校、管高职院校的管理模式向经营高职院校转变。通过上文的分析，高职院校的学生自身的特殊性决定了管理模式的特殊性，将企业管理改革的成功经验引入到高职院校学生管理中是具有可行性的，也是适应当今高职院校发展潮流的需要。

一、高职院校具备引入企业管理模式的基础

（一）高职院校发展特色具备引入企业管理模式的条件

高职院校发展特色主要表现在以下十大融合上：

培养目标——高素质与高技能相融合；

培养主体——学校与企业相融合；

课程教学模式——理论与实践相融合；

教学过程——学习与工作相融合；

实践教学体系——校内实训与校外实训相融合；

师资队伍——专职与兼职相融合；

校内实训基地——教学性与生产性相融合；

质量监控体系——目标管理与过程控制相融合；

校园文化——学校精神与企业文化相融合；

学校功能——人才培养与社会服务相融合。

高职院校的这一特色为引入企业管理模式打下了良好的基础。

1. 培养目标的特色分析

高职教育主要培养具有一定理论知识、动手能力强的实用型人才。高职院校为了实现这一目标要求，建立"市场过渡窗口"，即在企业中开展"顶岗实习"的"准就业"的实习模式，与实习单位建立长期的合作关系，使学生尽快适应社会和企业的要求，将学生培养成为职业性、高级性、技术性的高素质人才。

2. 专业设置的特色分析

高职院校的专业设置要与企业要求相融通。首先，专业设置要根据市场的需求及时调整专业的发展方向，使专业具有针对性、适应性。其次在专业设置的原则方面，要保证设置的专业具有科学性、前瞻性、技术性和示范性。

3. 高职课程与职业资格证书相融通的特色分析

高职院校的课程体系设置时，把职业资格标准融入课程体系中，即"课证融通"，实现专业课程内容与企业的岗位技能需求的紧密结合。同时，根据职业岗位要求不断实现课程的创新，及时地纳入发展前沿的新知识与新技术。另外，为实现学历教育与职业资格证书教育的紧密结合，建立职业技能考核体系。

（二）高职院校学生管理与企业管理具有相似性

从目标的确立上看，每个企业都有自己独特的企业文化，生产出高质量的产品，并且让这些产品在市场上畅销是每个企业所追求的目标。同时，企业通过对员工的激励和引导，使每个员工都朝着企业的目标去努力。同样的，学生管理者的目标是将学生培养成为社会需要的人才，做到毕业后就得到就业单位的认可。

从管理理念上看，目前学生管理大都是以学生为主体，以学生为出发点，注重柔性管理。而企业目前推崇的也是情感管理、人性化管理、精细化管理等基本理论。

从绩效考核上看，企业制定了个人绩效与薪酬挂钩的目标考核制度，所获得的收入与取得的成绩成正比。学生管理中注重加强其综合素质，细化其评分标准，这些量化考核分数与将来是否获得奖学金挂钩。

二、高职院校具有引入企业管理模式的市场动力

（一）高等职业教育遵循市场规律

市场规律是以需求为导向，以价格作为调节手段的市场关系。职业教育是面向社会、面向市场办学的，所培养的技能人才是社会、市场所需求的。遵循市场规律办学，还要注意教育规律和市场规律的结合。学校所培养的人才是高技能的人才，要保障效益的实现，以最少的投资获取最大的成果，实现资源的优化配置。高职院校要通过走产学研结合的教育之路，培养的学生要符合市场的适销对路、高质量、低成本、高竞争力要求。同时高职院校要运用市场调节的手段，完善招生和分配制度，把好招生关、专业关、产教结合关和就业关，利用多种形式，促进学生就业。

（二）人才市场需求多样化的需要

随着知识经济和信息时代的到来，知识技术的更换率越来越快。而目前我国许多产品无法走出国门，其原因不是理论水平达不到，而是工人技术素质不能满足科学迅猛发展的需求。因此，技术技能型人才和复合技能型人才受到市场的青睐，唤醒了人们的高职教育消费意识，出现了高职教育市场需求的多样化和学生数量的持续增长，刺激了高职院校企业家精神，直接推动了高职院校企业化管理的产生与发展。

（三）学生零距离就业的需要

高职教育从某种意义上说是一种就业教育，与企业有着天然的联系。目前，高职院校毕业生就业压力大已成为社会比较关注的问题，也给高职院校的生存与发展带来了很大的挑战。在这种形势下，高职院校注重对学生的培养实现零距离就业目标的要求。即一毕业就能上岗工作，不需要单位的再培训。因此，高职院校学生管理需要引入企业的管理方式，达到学生零距离就业的需要。

三、企业化的管理模式成就产学研结合的办学理念

（一）产学研结合的办学理念的内涵

生产、教学、科研是高职院校的三项基本职能。产学研结合的办学理念就是将三者有机的结合起来，将学生培养成为岗位所需要的高技能人才，实现学生的零距离就业的办学理念。教师通过"三结合"，提高了教学科研能力和理论知识水平；学生通过"三结合"，提高了实践能力，达到了人才培养目标的标准；学校通过"三结合"，结合企业技术改造，充分开展科研工作，拓展了发展空间，形成自身的特色和优势。在产学研结合理念的指导下，高职院校不仅为企业提供了教育服务，而且使教学、管理和人才培养水平上了一个新台阶，推动了学校的持续发展。

（二）企业化的管理模式成就产学研的办学理念的途径

1.校企合作、工学结合的培养方式

高职院校要多渠道与企业建立合作关系，为学生实践和就业创造条件。教师从企业中来：学校要聘请来自企业的高技能人员做兼职教师，他们具有很强的实践能力、科研能力，为培养学生的实践能力提供师资准备。教学在企业之中：学生除了依靠学院的实验实训室外，还要依托企业，在工厂建立实训基地，通过在厂矿教学，通过实地的安全教育、现场观摩、跟班实习、技能培训等教育方式培养学生的适应能力。学生到企业中去：让学生到生产一线去接受实训，身临其境的感受企业的环境。使学生一就业就能把先进企业的文化、技能以及经验带到新的工作岗位。

实践证明，"校企合作、工学结合"是高等职业教育办学的理想之路，它形成了以校内外实践教学基地为载体的"实习——就业"一体化办学模式。

2.零距离的岗位技能培训

所谓零距离即直接式的职业培训，学生在学校直接接受知识技能的培训，在职业培训之后就可以直接上岗，不需要企业再培训。学生在校的实训课时比例占总课时数的1/2至2/3，同时，实训内容和要求，充分模拟职业资格标准中的鉴定模块，达到教学内容、实训项目、证书标准的有机结合，通过岗位培训，使学生在"仿真"的模拟岗位上完成对技能的实际应用，使学生达到对知识和技能的应知、应会、应熟。这样，学生在取得学历证书的同时，还能取得职业资格证书或技术等级证书，满足用人单位的需求。这种教育方式不仅节约了教育资源，还缩短了岗位适应期。

3. 订单式的定位培养

所谓订单指企业等需求部门提出人才培养的模式、内容、具体要求，由学校负责培养。企业等需求部门需要多少技能人才，都由需求部门下订单，学校按订单培养，需求部门验收合格后，就可以到需求部门就业。这种培养方式更需要产学研结合的办学理念，学院每年与企业签订校企合作办学协议，并将学生派往单位进行顶岗实习，按照企业的管理目标，学生要严格遵守企业的管理制度，必须统一着装，挂牌上岗，实训实行严格的 8 小时工作制，不迟到、早退。同时要求学生做到工作环境一尘不染，工作态度一丝不苟，树立学生的职业意识与职业道德。

4. 实习基地作用的充分发挥

实习基地的建设是高职院校实现产学研结合的硬件条件保障。高职院校在大力发展现有的校内实训实习基地外，还要不断拓展校外实习基地。校内实习基地建设不要只停留在感性认识和动作技能训练上，还要进行就业岗位所需的岗位能力模拟训练。校外实训基地主要是与企业的对接，让学生从实训岗位走上"工作"岗位，促使学生在企业环境中从"学习人"向"企业人"的转变，从知识技能到生产操作的转变。

5. 积极参与企业科研培训和研发，推广科研成果。

积极创新科研能力，也是产学研结合理念的一个基本要求。由于校企的长期合作，雄厚的师资队伍，高职院校科研正朝着可观的方向发展。科研成果的推广既为企业创造了经济效益，同时也提高了教师实践能力和创新能力，促进了教学改革的顺利进行。

四、校园文化与企业文化具有相融性

（一）企业文化的核心理念在校园文化中的应用

目前，国内外优秀企业的先进理念和管理方式已经逐渐渗透到高职院校的校园文化之中。第一就是人性化管理的理念。将"以人为本"的思想全面落实到校园文化的管理之中，尊重每一位教职工和学生。二是创新发展的理念，创新是与时俱进的时代理念，每个人都要培养良好的创新精神。三是全面质量管理的理念。高职院校时刻根据市场的需要来确定院校的人才培养目标，为社会培养出高质量、高素质、高技能的复合型人才。

（二）校园文化与企业文化具备交流的平台

校园文化与企业文化要融合，首先要搭建两者交流的平台。一是活动载体平台。校企联办校园文化活动，学校宣传企业产品，而企业为学生的各种技能培训和社会实践提供平台。二是搭建网络平台。通过网络，学校和企业可以进行技术、科研、就业等方面的交流。三是校企双方共建实训基地。通过在企业设立实训基地的方式，达到学校文化和企业文化的融通。企业适当提供部分生产设备，而师生直接深入企业生活、学习和顶岗实践，感受企业文化，培育企业精神。这种途径不仅适应了市场经济条件下校园文化建设的要求，更重要的是拉近了企业与学校的距离。

（三）职业素质教育促进校园文化与企业文化的融通

为了加强学生的职业素质教育，学校开设企业文化课程，按企业员工的行为规范塑造学生，强化其纪律观念、诚信意识、敬业、团结协作能力、竞争意识等教育内容。

另外，学校的校园环境要体现企业文化特色，比如，在校园醒目的地方悬挂国内外著名企业家的画像；在教室里贴上著名企业家的经典言论来作为学生的座右铭；在橱窗中展示校友成功的创业经历等方式来体现优秀的企业文化。

（四）校企合作，工学结合实现校园文化与企业文化融通

首先，通过校企合作、工学结合实现了学生的实习实训活动。管理企业化、班级管理活动、企业框架化、知识理论实践化，使学生在校园就可以接受企业文化的熏陶，触摸到市场的脉搏，提升学生的职业素养，塑造了全新的育人环境。

其次，推广企业文化中的形象战略。诚邀企业的管理精英、技术精英、营销精英等不定期地对校园文化建设进行规划和管理设置，丰富高职校园文化建设的内容。

最后，改革高职院校对学生的管理方式，引进企业的管理模式。学校应借鉴企业文化管理的经验，对学生管理方式进行改革。

第三节 高职院校学生管理企业化模式的构建设想

一、宏观管理制度的企业化

（一）绩效考核制度

绩效考核主要是对个人和部门平时的工作成绩和表现的一个评估，依据系、班级制定的考核细则和考核办法，各部门主要负责人主要负责对组员的日常考核，班主任打分时参考各部门负责人的意见；部门的考核由纪检部提供平时工作记录，班主任给予考核与评价。

（二）考核责任制度

个人日常考核由部门班委负责，结果按月总结，形成月度汇总表，由部门班委签字确认并交班长审核，班长审核签字后交班主任，当月考核完成；部门考核由班主任、班长负责，考核结果由组织部分类保存，作为期末考核的基础。

（三）例会制度

每周固定时间召开学生干部会议，由学生管理工作者主持，会议主要是对一周工作的简单总结，并提出工作中的不足。然后对近期工作做一个安排与分工，以提高工作效率。相关负责人如实做好考勤工作和会议记录。

（四）人员配备管理制度

为了系、班级的不断提高进步，及时地选拔优秀的学生干部，并坚持任人唯贤的原则。学生干部的选拔程序是：首先填写个人自荐表，写出自己胜任的优势，然后学生工作管理者对这些学生进行面试，选拔出素质高、组织能力强、语言表达能力强的学生，根据他们的平时表现和兴趣爱好、个人特长等条件定出相应的工作部门。

（五）学生培训制度

为全面提高学生的职业素质，对学生进行职业素质教育的培训。按照人才培养计划，一年级进行入学教育，二年级进行职业素质教育培训，三年级进行职业技能和就业教育培训。除此之外，对学生干部每学期进行培训。另外还要针对如何做一名优秀的学生干部等内容展开培训。

（六）授权管理制度

将学生的管理、监督、考核等权利部分授予学生干部去执行。平时学生管理工作者主要负责指导和处理班级重大事务。在平时的工作中，随时对各部门工作进行检查，并随时找到各部门班委汇报近期工作；给各部门班委工作充分的自由度，各部门之间可根据自己部门的性质制定适合部门发展的规定和管理方法，充分发挥主观能动性。

二、班级管理的企业化模式

班级管理的企业化模式就是把企业文化、管理理念、制度和运营方式融入班级管理和教育中，把班级与公司进行虚拟上的联系，教师的角色相当于董事长，班长相当于企业的 CEO，班级干部相当于企业的中层领导，普通学生就是员工。这样班级成员就有了双重身份即学生和"企业员工"，通过这种"仿真公司"的运作，能够强化学生的职业意识，提高职业道德素质，感知企业文化和精神，为将来就业打下良好基础。

（一）组织机构的设置与管理

教师作为公司（班级）的董事长是公司发展的指导者，向员工（学生）提供法律、道德、心理学等方面的知识，同时帮助员工提升职业道德和业务水平。班长作为公司的总经理主要负责召集董事会议和平时的日常工作。参照企业的部门设置方式，我们将班级设置成 6 个部门来管理，原来的班委即为相应的部门负责人。

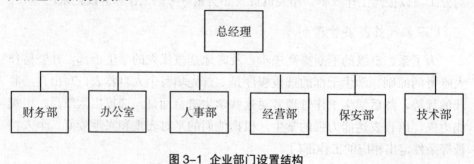

图 3-1 企业部门设置结构

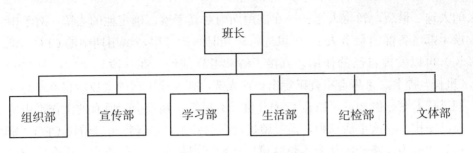

图 3-2 班级部门设置结构图

在具体划分部门后，将班里的学生按照个性特点及本人的兴趣爱好划分到各个部门，成为部门员工，协助负责人做好本部门的各项工作。

表 3-1 部门职责一览表

部门	部门职责
组织部	负责班级党团生活，班级成员行为规范的考察；组织策划班级活动，提供各部门的人员配置情况咨询；负责班级会议的考勤及会议记录工作。
宣传部	负责班级的宣传工作，班内橱窗板报的及时更新工作；撰写班级活动的报道和总结，用有效方式扩大班级知名度；确保对内对外各种信息的畅通。
学习部	负责班级的学习工作，做好班级学风建设工作，为学习成绩差的同学提供帮助，配合班级其他工作等。
生活部	负责班级的学习工作，做好班级学风建设工作，为学习成绩差的同学提供帮助，配合班级其他工作等。
纪检部	直接对班主任负责，监督各部门及其成员的纪律、作风等，并提出改进意见；及时向班主任汇报班级的纪律执行情况。
文体部	负责班级文体活动的开展。以重大节日为契机，组织班级文艺活动；动员组织参加院、系级大型体育活动。

以上是各个部门的划分情况，除了以上特有的职能外，各部门还应当完成班主任、班委会统一交办的其他任务；各部门成员的个人日常考核记录由各部门班委负责，所有班委的个人日常考核由班主任、班长负责。另外，各部门还负责班级与上级部门的联络交流，接受院系学生会、团总支相应部门指导。

每个部门与企业（班级）整体发展息息相关。平时工作每月进行一次量化考核，每学期期末对工作完成情况进行总结。

（二）管理层的选拔、任命及考核

当一个公司（班级）刚刚组建时，从许许多多陌生的面孔中选拔出一个CEO（班长）是关键的一步。首先，自我推荐——向领导和员工介绍自己的优势，并递交自荐书，领导根据自荐书的内容和其语言交流对其有个初步的了解；其次，民主选举——通过不记名投票形式选出大家一致认为比较合适的人选；最后，暂定人选——在试用期内对其考察，确定他的去留。对于中层干部（各部门负责人），可以进行较长时间的考察，试用期中的 CEO（班长）可以发挥自己的作用，直接了解和考察他们。在一段时间后，由 CEO（班长）提名，董事会审查确定出最佳人选。在完成干部的选拔后将不断对他们进行考察。例如，可以让 CEO（班长）组织一场晚会。所有的工作都由他自己安排。在这个活动中，通过整场晚会的效果及创新性可以看出 CEO（班长）的能力，晚会的整个连贯性可以体现组织部负责人的能力；晚会的节目效果可以看出文体部负责人的能力；晚会卫生和秩序可以看出生活部负责人的能力等。通过组织这个活动，不仅能看出每个中层干部的能力，还能使他们亲身领悟出存在的问题以及改进的方法。经过这样的几次活动，根据这些班委成员的表现，对其能力进行审核，督促他们提高。对于没有能力的中层干部，指出错误并撤职。对于其他表现出色的普通员工给他提供充分的发展空间。

（三）激励制度的建立

为调动公司（班级）每位员工工作的热情和积极性，建立激励制度，根据平时的量化考核分数，设立虚拟奖金（班级统一制作的代金券）。如班级量化分数 1 分，虚拟工资为 10 元。实行按劳分配的制度，为公司（班级）带来效益就提高虚拟工资水平，违反公司（班级）规定就要扣除工资。

如：公司的奖励条例规定：①全勤奖：保质保量完成各项生产任务，一月内无迟到、早退、旷工、请假者奖励 100 元；②部门先进奖：部门工作完成的好，部门员工无违纪情况，每月每人奖励 100 元；③以班级利益为重者：例如代表班级参加各种比赛者每次 30 元，获奖再酌情加钱。④董事会成员履行职责成效显著者获得虚拟奖金 50 元。每月选出最佳员工 2 名，获得虚拟奖金 50 元。每月选出星级员工 2 名，获得虚拟奖金 100 元，并给其家属发去贺电。

公司的违规处理条例规定：上班迟到、下班早退一次扣虚拟工资 10 元，旷工一次扣虚拟工资 30 分；生产事故一次扣 100—200 元；不按规定佩戴校徽、实训课不按规定穿服装者一次扣虚拟奖金 20 元；因各种原因出现违纪处分一次扣工资 100 元；董事会成员未能履行自身职责造成公司（班级）损失的扣除虚拟工资 80 元并降级。

（四）班级规章的设立

高职院校学生在校期间严格按照企业制度管理是非常重要的，在制定班级制度时最大化的依据企业规章制度，形成富有特色的企业化班级制度。

如公司制度规定：每位员工应按时上下班，完成自己的生产任务；认真履行请销假制度；搞好厂区卫生和生产的气氛；另外员工要注意仪表，上班期间穿工作服；严禁携带管制刀具和其他易燃易爆危险品进入厂区；同事之间和睦相处，发扬团队精神；遇事要冷静，采用正当的方式维护自己的权益。参考公司的规章制度，建立有效地班级管理制度。

1. 出勤考核规定

（1）学生应按学院规定时间参加学习和各项活动，无特殊事由不准请假。

（2）病假、事假、公假、迟到、旷课、旷宿的认定按学院相关规定执行。

（3）学生会纪检部负责安排好值班人员，每日检查全系各个班级的出勤并做好记录，每日下午7、8节课后向负责相应班级的辅导员报告当日出勤。

（4）辅导员负责统计好所负责的班级学生每日出勤情况，每周五下班前将一周的出勤情况报至系内学管部门。

（5）遇有学生旷课、旷宿、未按时返校、不请假擅自离校等特殊情况，班主任、辅导员等应及时追查，核实情况，并应及时报告至系内主管领导。

（6）系内学管部门不定时对学生出勤情况进行检查。及时统计学生出勤情况，达到相应标准者及时按学院相关管理规定做出处理，必要时上报学生处等学院相关职能部门。

2. 学生请假的规定

因私人或家庭亲属的重大事件无法按学院规定时间上课所请事假，无论时间长短，必须由家长与班主任联系；因身体原因无法按时上课，须提供医院的相关诊断证明，并在诊断证明上注明"建议休息时间"，根据其上的时间准假，请假三天以上者，须二甲以上医院的诊断证明；身体不适，想回宿舍休息者，事先通知班主任，由班主任（在班主任没空时，由班长）带领去医务室，经医生证明确需休息者，再回宿舍；因参加院、校开展的重大活动，并经有关院、校领导证实后确实无法按时上课时请公假；学生因病、因事等原因不能按时上课或参加全院性集体活动，必须办理请假手续，否则按旷课处理。病假没有诊断证明者，按旷课处理。

另外，学生请假在3天以内，应以书面形式向班主任提出申请，批准后生效；请假在4天至7天之以内的，应以书面形式向班主任提出申请，经班主任审核、系主管领导批准后生效；请假在8天及以上的，应以书面形式提出申请，经班主任审核、系主管领导批准、学生处签署意见后生效。

3. 卫生考核管理办法

环境卫生区采取区域管理负责制，以班级为单位划分管理范围，各个班级负责人负责安排每日的卫生清扫及值日人员；教室卫生由各班负责，各班委会负责安排每日的值日人员，每日晨起上课前及晚下课后进行卫生清扫；

各宿舍由宿舍长负责安排每日的卫生值日人员，负责宿舍内每日的卫生清扫工作；每月月初第一周的周四下午为全系大型卫生清扫日，要求全系各个班级对所属环境卫生区、教室、宿舍进行一次彻底的卫生清洁工作。

4.学生仪容仪表规范

（1）着装基本要求

穿戴整洁、朴素、大方，不得穿奇装异服；上课时，不准穿拖鞋、背心等不符合学生身份的服装；女生不准穿吊带衫、吊带裙，不准穿过分暴露的衣服，不穿超短裙和过分紧身或过于透明的服装；上实验操作课和体育课，应按专业要求着装。

（2）发型基本要求

自然、整洁，符合学生身份，显示青少年朝气蓬勃的精神状态；男生不留长发，不许剃光头，不染发、不烫发，不留怪发、不留碎发，做到前不扫眉、旁不遮耳；女生不准束怪发，不梳各种怪异刘海，不梳怪辫。

（3）其他仪表、仪容及行为规范要求

不佩戴夸张饰物，如挂件、戒指、耳环、项链、手链、脚链等饰品，不化浓妆，不装饰指甲，校内不戴墨镜；主动接受学校教师、学生干部仪表仪容检查；严禁学生携带打火机、香烟进课堂；姿势体态自然大方、适宜得体。

（五）团队精神的养成

团队精神是企业快速发展的法宝，对于班级公司也同样的重要。在培养班级学生团队精神时要注意：团队精神的基础是挥洒个性。根据个体差异设置不同的成才目标和成长类型，给予不同的表扬，培养每个同学的特长；协同合作是团队精神的核心，即团队的根本功能就是由各部分组成的团队业绩大于各部分之和；团队精神的最高境界是凝聚力，这种力量是来自团队成员的内心动力和共同的价值观。那么，我们又有什么途径培养班级的团队精神呢？

第一，确定共同的目标。目标的确立要导向明确符合实际的需求。班主任可以为同学们每月设立一个班级目标，第一个月争创卫生模范班集体，第二个月争创纪律模范班级等；使同学们在目标的认同上凝聚在一起，发挥团队力量共同实现目标。

第二，学会服从团队，树立我为人人，人人为我的思想。团队的每个成员要学会个人服从集体、识大体顾大局，每个人都担负起自己的责任，尽量在自己部门里解决摩擦问题，为班级创造良好的学习生活条件，主动帮助他人，形成班级凝聚力。

第三，班级成员之间要做到有效沟通与交流。通过沟通和交流能够明确各自的任务和职责，达到正确分工协作，把大家的力量形成合力。班级的每名成员都要推心置腹的学会与人交流，并推销自己的主张，同时认真倾听别人的意见和主张，达到求同存异，通过互相理解来互相合作。

第四，增强班委成员的影响力。班委成员是班级开展工作的核心。树立为同学服务的管理心态，用自己的组织协调能力带领团队成员完成组织目标。班委成员要注意倾听不同声音，虚心接受不同的意见和观点，然后加以重视和思考，提出改进的方法。这样就形成以班干部为核心的团队合力。班委成员的选举实行竞聘制度，经过民主公平竞选演讲，建立一支强有力的班干部队伍，使他们成为凝聚班集体的纽带。

第五，强化制度，引导每个同学成为班级的主人。给学生搭建展示自我的平台，创造学生主动参与班级管理的机会，形成学生自主管理的班级管理模式。充分尊重学生的情感需要，创造和谐的、积极向上的班级氛围。

（六）品牌意识的强化

建设具有特色的企业文化是企业管理的战略目标，班级管理也要建设适合班级发展的班级文化，它对全班同学习惯的养成，职业道德的塑造有很强的推动作用。良好的班级文化促使每个班级成员都自主为班级建设做出自己的贡献，建立具有特殊的班级品牌。但是，良好的班风的建设需要正确的引导。首先要根据班级学生特点确定班级建设的着重点，并确定班级发展目标和学生阶段性培养目标。其次，在目标实现过程中要时刻关注学生的动态，全方面抓学生品质、学风和职业意识。最后，时刻对良好班风巩固。狠抓班级里积极向上的力量，让这些力量成为班级的主流，带动全班同学朝着正确的方向发展。

通过上述分析，班级企业化模拟管理具有以下意义：首先，最大限度地发挥了学生的主观能动性，实现了学生的自我教育、自我服务和自我管理。其次，培养了学生团队协作的能力。学生作为团队的一员实际参与班级管理，提高了责任意识，自觉地将个人发展要求和团队目标结合起来，与团队成员的沟通协调，培养了良好的人际交往能力。最后，培养了学生的职业素养和职业精神。学生在班级中提前适应了企业的管理方式，为学生零距离就业打下了良好的基础。

三、企业的相关理论在学生日常管理中的应用

（一）学生素质教育与企业 6S 管理文化的融合

1.6S 管理的概述

6S 管理来自 5S 管理，5S 管理理论起源于日本。5S 来自日文的"SEIRI（整理）、SEITON（整顿）、SEISO（清扫）、SEIKETSU（清洁）、SHITSUKE（素养）"中罗马拼音发音的第一字母"S"，统称为 5S；2000 年，海尔公司引进"安全（SAFETY）"一词，发扬成为 6S 管理理论。具体内容如下：

整理：将办公场所、工作现场中的物品，先划分为需要品和不需要品，对需要品进行整理保管，对不需要品则进行处理或报废。目的是节约空间，提高工作效率。

整顿：摆放整齐需要品，并明确对其标识，减少寻找的时间，目的是消除"寻找"现象使寻找的时间为零。

清扫：将办公场所、工作环境打扫干净，使无垃圾、无灰尘、无脏污、干净整洁并防止污染的发生。目的是为了保持现场整洁，提升作业品质。

清洁：维持整理、整顿、清扫做法的成果，并对其实施的做法予以标准化、制度化。目的是通过制度化维持现场清洁，创造明朗的现场。

素养：通过整理、整顿、清扫、清洁等改善活动，以"人性"为出发点，使全体人员养成守标准、守规定的良好习惯、好风度。目的是为了增强员工主人翁意识，培养员工良好素质。

安全：指在产品的生产过程中，及时消除或预防在工作状态、行为、设备及管理活动的安全隐患，给员工创造安全舒适的工作环境。目的是为了保障人、财、物的安全。

2.本节对学生个人实施 6S 管理赋予新的内涵

整理：整理思想，盘点自己。近期的目标实现情况如何；近期缺点改进如何；近期在学习生活等方面有什么收获；近期与同学们的相处情况如何；现在的综合素质与理想工作岗位的要求差距有多少；明确有所为有所不为，即不该做的坚决不做，不好的坚决不做。

整顿：将自己的理想、人生观、优缺点、奋斗目标、近期主要任务等问题罗列出来，并准备需要的学习资料、生活物品，根据自己的生活空间现状分门别类地布置好。

清扫：清除思想杂念，对不符合实际的不正确的动机彻底放弃。清扫个人及宿舍卫生，将自己生活场所彻底清扫干净，创造干净、亮丽的环境。

清洁：对自己经常反省，保持思想、行动与理想目标的高度一致，随时

制定自己的人生规划；持续不断地保持思想和个人生活空间的清洁，形成制度和习惯。

素养：通过对上述 4S 的实施，规范日常行为，提高自己的综合素质。

安全：将自己的身体和身心健康安全放在第一位，小心支配自己的行为，做到"三思而后行"，确保自身的人身安全和心理安全。

3. 在学生管理中推行 6S 的实施步骤

第一，确定推行组织。

第二，制订计划，责任到人。6S 推行不能纸上谈兵，必须落到实处。在总计划的基础上，每个月都要制订详细、具体的计划。每个环节要有专人负责。在平时工作中有落实、有检查，将 6S 工作落到实处。

第三，制订激励措施。激励措施是推动工作的发动机，学校要出台相应的激励措施，制订出完善合理的有关"6S"的激励内容。

第四，制订适合"6S"管理的指导性文件。有了明确的书面文件，细化到每项管理制度和实施办法上，使教师和学生知道哪些可以做，哪些不可以做。

第五，全面执行"6S"。将"6S"实施到学院的每一位教职工和学生，这是推行的实质性阶段。使每位教职员工和学生改变不良习惯，建立一个良好的工作和学习风气。

第六，监督检查。监督检查机构要完善，通过这个阶段，使"6S"的行为贯穿到每位教职员工和学生的工作和学习中，形成一种做事的习惯。

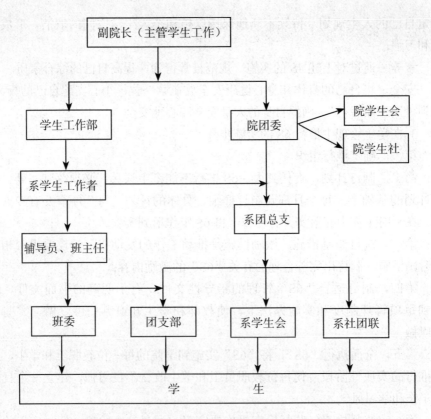

图 3-3 在学生管理中推行 6S 的实施步骤

（二）企业精细管理理念在学生管理中的应用

1.精细管理的含义

从先进管理理念角度来说，精细化管理体现了施行者对管理的完美追求，每位员工持有积极向上、高度负责的工作态度，在工作中表现严谨、认真、精益求精的思想。倡导以人为本的管理理念，营造和谐的人文关怀体系。管理者在管理的过程中要把关注员工到每个细微之处。

从学生管理角度来讲，纵观国内高职院校学生管理，还没有系统、全面的实施精细管理理论，但在实际工作中已渗透了精细化管理的相关理论，如人性化管理的管理理念、情感管理理论等。那么，将精细化管理理念应用到学生管理中要遵循注重细节、立足专业、科学量化三个方面。

2.学生管理中引进企业精细管理的方式

第一，改革学生事务流程，体现人文关怀。根据上文提到的高职院校学生的特点，我们要有针对性地设置学生的事务流程。如，给行政办事部门设立学生党员做班内联络员，学生党员成为行政部门和普通同学的一个联络员，负责班级的各项学生事务。另外，改善学校的硬件条件，减少学生事务办理的环节。如在校园内实行"一卡通"；利用信息管理手段成立校园网，所以信息可直接发到每个学生的手机上，让学生感受到方便快捷的服务。

第二，创建"一站式"服务大厅，设立学生服务日。由于学生上课的时间与行政办公时间有很大的冲突，所以学生的许多事务性事情得不到及时的解决，不利于学生思想的稳定。因此，学校可参照政府事务服务大厅的做法，设立投诉维权、证件发放、日常事务办理、后勤服务等事务服务大厅，从服务层面构建优化育人环境的平台，创新内部管理体制，打造学生精细管理服务的示范。另外，设立学生服务日，在这一天各部门领导亲自与学生交流沟通，听取学生的意见，为学生解决困难，让学生从内心感受到学校的关怀。

第三，结合高职院校专业和学生的特点，注重学生的职业教育。根据不同专业特点施行精细管理，使管理体制符合学生实际。上文提到的班级管理"仿真"管理就是精细化管理的例子，包括班级的各项量化细则等。再如，对于护理专业的学生，根据女生偏多的特点，我们可以建立各种培养女孩子气质的社团，如形体社、化妆社、礼仪队、舞蹈队等来培养学生的综合素质。

第四，精于攻心，注重细节管理的应用。比如：在某位同学的课桌下面发现一片纸屑，当场提醒同学，并亲自捡起来扔垃圾桶，这样以后他就不会再犯这样的错误。再如在考试前，将考试安排通过短信发到每个同学手机上，并提醒考试应该准备的东西。每个节日送去对学生的祝福，并记得班内每名同学的生日等。

总之，高职学生管理中引进企业精细化管理理念，能够促进师生关系的和谐，实现学生的培养目标。

（三）企业激励理论在学生管理中的运用

1.激励与激励理论概述

激励是调动人的积极性的心理过程。在学生管理工作中，学生管理工作者要不断满足学生的需要，而这些需求，就是激励行为。马斯洛的需求层次理论把需求层次排成了顺序，生理需要、安全需要、社交需要、尊重需要、自我实现需要，而这几种需要是逐渐实现的，只有满足了基层的需要，才会朝着下一个需要努力。根据马斯洛的需求理论，根据学生需要的层次性、多样性、发展性，恰当地运用相应的激励理论。

2. 激励理论在学生管理中应用的策略

第一，用赞美进行激励。赞美不仅可以增强自信心，还可以给人以肯定，每个人都希望体验被人赞美的喜悦，满足自我实现的需求。作为学生管理者，我们一定要运用正确的赞美方式。首先要发自内心的赞美，真诚的赞美要发自内心，并言之有物，比如说，某个学生干部组织的活动很出色，表扬时不要泛泛地说你很能干，而要说明在这个活动中哪些地方做得很好，一一指出，并一一提到他各方面的能力，这样他就知道将工作到何种程度，并继续努力。其次要公正的赞美，对有缺点的学生给予称赞，可以弥补不足，改正缺点；对自己喜欢的学生赞美要把握分寸，不能表扬过多，适时有度。最后就是及时、多多的赞美，及时捕捉学生的每个闪光点，并及时给予表扬，比如某个学生穿了件新衣服，你第一次遇到，就可以兴高采烈的称赞："这身衣服真漂亮，是定做的吗？"，学生会很高兴，还拉近了师生的距离。

第二，用温暖抚慰失败者。任何一个学生在校期间都会遭遇或多或少，或大或小的失败，作为学生管理工作者，在学生失意时，若是能够恰到好处的给予温暖的鼓励，他们会抖擞精神，奋发图强。比如对一个留级的学生，你可以鼓励说："听你的上任班主任说你很聪明，是个很有韧劲的小伙子，组织能力还很强，学习上可能是一时疏忽吧，以后可要正确发挥你的聪明才智了，下学期等着看你拿奖学金了！"这样学生会重新振作起来，学习会更努力。

第三，注重校园文化激励。一种健康向上的校园文化对每个学生都会起到一定的激励作用，例如：海尔集团的 OEC（Overall Every Control and Clear）管理法，其含义是全方位地对每一天所作的每件事情进行控制和清理。以此为激励，每天的工作质量都有提高。同样的设定适合自身发展的校园文化，给学生以鼓励和鞭策，会达到很好的效果。

第四，运用正负激励理论，激发学生形成良好的素质。正激励就是对学生的行为运用表扬、奖励、评比、示范等方法，对学生的行为给予肯定和赞美；负激励就是通过谈话、批评、处罚等方式对学生的教育，这种负激励会对学生产生负面影响，一定要慎用。还有正负激励相结合的方法有时会带来双赢的效果。因此，在平时的工作中，我们要理论联系实际，因地制宜的实施各种激励方法，正确地引导学生，充分调动学生的积极性，达到高职院校的人才培养目标。

（四）目标管理在学生管理中的应用

1. 目标管理概述

目标管理是在世界范围内已经广泛应用的一种管理方法，哈罗德·孔茨对目标管理的定义是："目标管理用系统的方法，将重要的管理活动结合起来，有效地、高效地实现组织目标和个人目标，是一个全面的管理系统。"高职院校学生管理中运用目标管理，其实质就是教育者把教育目的和任务转化目标，经过评估完成各项任务，学生就是设立个人目标，经过自我管理，实现自己的职业生涯规划的内容。学校通过目标管理，可以培养学生的目标责任感、意识，提前适应企业目标管理，尽快实现人才培养目标。

2. 目标设定的 SMART 原则

目标设置的 SMART 原则是这样描述的：Specific：明确的，具体的。以便每个人容易理解的，目标要尽可能地缩小范围。

例如：以具体的百分率提高班级综合成绩。

Measurable：可以测量的。例如可以量化完成的各项指标。

Accessible：可行的，目标实施起来没有太大的难度。

Reachale：可以达到的。目标通过稍微地努力可以达到的。

Timing：有时间限制的。要在截止的时间完成设定的目标。

3. 目标管理在学生管理中应用的程序

第一，设定目标。学校设置学院的整体目标，在这种目标的指引下，班级设定班级目标，学生设定个人目标。各种目标形成目标网络系统。那么，具体的目标设置要遵循 SMART 原则。

第二，实现目标。设定目标后，如何引导学生实现目标是很重要的过程。由于高职院校学生的职业定向性的特点，我们可以结合学生的专业，组织学生开展各种教育活动，为学生实现自己的目标提供一个平台。例如：对刚刚入学的学生进行入学教育，引导学生制定职业生涯规划，让他们在适应新环境过程中，设定将来发展的目标；二年级对学生进行职业素质教育，通过开展各种活动，使学生明确将来所从事的工作和所具备的素质；三年级进行就业教育，让学生懂得就业的相关技巧。同样的，班主任也要根据各班情况去实现班级的目标，如班级目标设定为：一学期内使班级综合成绩提高 5 个百分点，那么，班主任和班委成员就要采取相应的措施来实现班级目标：如开展班级学习活动，树典型、抓模范等活动。

第三，信息反馈。在目标实现的过程中，要参照个人目标进行自我考评，估计取得的成绩，找出不足，确定自己完成的情况。如果觉得目标实施起来难度很大，就要适时的进行修改，并重新确定新的可行性目标。

第四，目标循环。目标经过设立——反馈——修改——再设立——再反馈——再修改的不断更替的过程后，不论是整体还是个体都会有不同程度的提高和发展，没有永恒不变的目标，目标会在整个实践过程中不断完善。

通过目标管理的方式，使每个人都确立我现在做的，使我更接近目标一的原则，并增强时间观念，合理安排时间。这种方式改变了教师督促学生完成各项任务的传统方式，使学生能够实现自我监督、自我管理。

第四节 校企结合模式下的高职学生管理

为了适应区域经济和产业经济转型升级发展对高技术技能型人才的需求，许多高职院校已经把校企合作、工学结合作为提升学生岗位实践能力的重要手段。在这种人才培养模式下，传统意义上的教与学两方面关系已经发生了重大变化，要求学生走出校园，走进企业，将理论和实践紧密联系起来，到具体的实践岗位去"试就业"。在这种新形势下，我们必须改革当前学生管理中的工作理念、管理方式和管理体制，构建适应校企合作要求的学生工作新模式。

一、校企合作下学生管理工作的新特点

"校企合作、工学结合"人才培养模式下，要求学生必须到行业、企业中去顶岗实习，练就岗位技能。在这种工学交替的模式下，教育主客体、教学环境和教育内容都发生了巨大变化。

（一）教育主体由教师变成了企业技术人员

校企合作的实施，使教育主体变为教师和企业技术人员（兼职教师）交替或共同担任教育者，甚至完全由企业技术人员（兼职教师）担任。双方（专任教师和兼职教师）在生产实习的安排、指导、成绩评定等方面的分工与协作、职责与权利的责权模糊，因而给学生管理工作带来了很多不确定因素，出现了教师不熟悉企业生产和管理，企业技术人员（兼职教师）不熟悉学生管理工作规律的尴尬局面。这种教育主体多元化导致了学生思想波动很大，往往无所适从，给学校教育教学管理工作带来了很大的问题。

（二）教育客体由学生变成了企业准员工

校企合作的实施，使教育客体学生变成了学生与企业员工（学徒）双重身份。在他们或多或少还有一些"大学生"自我优越感的同时，在还没有做好各种心理准备的时候，校企合作、工学交替让他们变成一名学徒，使学生出现了很大的心理落差。同时，随着学生进入行业、企业后身份关系的转变，企业像对待员工一样对其严格要求，这会使学生（准员工）对所从事的工作

感到专业技能上不适应，对所处的工作环境身心上感到不适应等，使学生产生这样那样的为难情绪，这给学生管理工作带来了严峻的考验。

（三）育人环境由学校变成了企业

学校、企业（行业）是性质完全不同的两种社会机构，他们有着各自的运行规律和追求目标，企业以追求利益、盈利为主要宗旨，学校以教书育人为主要目标。另外，企业中复杂的人脉关系、紧张的生产活动、严格的企业制度都会使学生产生许多想法，甚至出现排斥心理。而校企合作、工学结合的实施，正是要求学生在不同企业、不同的工作环境以及企业的不同工作岗位上进行实习、实训和实践，这都会引起学生心理上的无所适从。

（四）教育内容由理论化变成了实践化

顶岗实习是检验专业理论教学的重要组成手段，是提高学生岗位实践能力，适应岗位工作需求的重要环节。顶岗实习的实施，要求学生在企业真实的工作环境下进行实习实训和顶岗实践，通过实践锻炼来加强专业学习，提升专业技能。我们学生管理工作者应充分利用并紧紧抓住实习实训这一环节对学生进行相应的思想政治教育，特别是企业文化的教育和熏陶，充分发挥和调动企业在人力资源管理和培训方面的优势。

二、当前校企合作学生教育管理存在的问题

（一）校企合作中学生教育管理主体认识的模糊

从企业角度来看，在校企合作办学模式下，企业不再是外在辅助条件，而是办学模式的重要构成因素之一，是教育成败的关键。受传统教育观念的影响，当前许多高职院校与企业建立合作关系，只是把企业作为教育过程的一部分载体，即把企业只是当作学校产品（学生）的消费者，致使企业处于被动的地位。而真正的校企合作应该是全方位的合作，即企业要参与到人才培养的全过程中，不仅要为学生提供实习场所，在选拔人才、制定课程、学业考核等方面都要反映出企业的需求，充分体现出企业的能动作用。

从学校的角度来看，高职院校在建立学生管理制度、学生行为规范甚至组织学生活动中不仅要考虑大学生这一群体的共性，更应考虑高素质技能型人才的培养需求。一般来说，高素质技能型人才应具备有必要的理论知识、丰富的实践经验、较强的动手操作能力并能够解决生产实际操作难题、创新能力、良好的职业道德等基本能力。培养适应社会发展需要的高素质技能型

人才是高职院校的基本职责，但是如果没有企业的参与，高素质技能型人才的培养就是一句空话。而现实中，不少学校管理者和企业都往往认为，思想道德素质和职业道德素质要在学校课堂或者学校教育管理工作中进行，企业主要是提高学生的技能水平。这样的想法，割裂了校企合作、工学结合人才培养模式的内在统一关系。

（二）校企合作中学生教育管理制度构建的滞后

高等职业院校在产教结合、校企合作的理念指导下建立或重构办学模式时，要根据学校自身的条件和潜力来重构办学模式，而不能为了形成某种模式而生搬硬套。近年来，在国家大力推动下，各高职院校纷纷在办学模式方面进行了大刀阔斧的改革。但是不少学校盲目跟风、匆忙上马，不考虑自身情况，不仅思想认识、课程、学制、管理、实习机制等方面没有充分的准备，在学生教育管理上更是没有引起充分重视，其结果往往是学生苦、学校累、企业抱怨不迭。

比如就大学生实习而言，学生往往把实习当成找工作，但在实习过程中，一旦发现实习结束无法留下后，则开始敷衍，不愿花时间、精力做好工作。有的企业常常出于与学校或个人的关系，接收了实习生，但并没有具体安排实习生的工作。曾经在相当长的时间里，人们把实习生在企业中的实习内容归结为八个字——"端茶""倒水""拖地""擦灰"。这种总结虽有偏颇，却形象地表现出了实习内容的尴尬。此外，由于实习生与用人单位双方存在责权不明晰等问题，使得一些企业，特别是中小企业不愿意接收实习生以免承担巨大风险。所以，如果缺乏针对性和科学性的校企合作机制，校企合作过程中没有配套开展切实有效地学生教育管理工作，再多的企业实习，也只是一种走过场。

（三）校企合作中学生教育管理的越位与缺位

当前，在校企合作的具体操作过程中，许多合作协议的起草、合作机制的构建、合作步骤的实施、合作活动的安排，往往都是以学校为主，由学校来组织安排。学校是校企合作的"主角"，企业是"配角"，企业只是被动地配合学校方的工作，学校的"越位"导致企业参与高职院校的办学积极性明显不高。于是，传出了"校企合作是学校热企业冷"的议论，更多的人指责企业没有社会责任感。另一种是缺位现象。

学校与企业缺乏有效地联动，将学生投入企业后，对学生的职业意识、职业道德、职业心理、企业文化等没有跟进实施教育，对学生中出现的怕吃苦、不安心、不好学、动手能力不强的现象也没有很好的引导和解决。

三、全程式加强校企合作学生教育管理

目前，校企合作的直接模式或最常见的模式就是学生的顶岗实习。《关于全面提高高等职业教育教学质量的若干意见》中明确指出，"高职院校要大力推行工学结合，突出实践能力培养，改革人才培养模式，探索工学交替、顶岗实习等有利于增强学生能力的教学模式。"

顶岗实习的目的是为了检验学生综合运用所学专业知识，锻炼学生理论联系实际的能力而设置的，是培养学生的综合素质和更清楚地认识社会和了解社会的重要途径，不仅有利于高职学生的成长，使学生在企业中增技能、长才干、磨意志、修品行，有利于学校教育教学的改革发展。增强顶岗实习的实效性，关键要加强校企合作学生教育管理的有效性。构建全程式校企合作学生教育管理模式，即重视顶岗实习前的教育和学习、加强顶岗实习期间的教育和管理、严格顶岗实习的考核评价，在三个阶段整个顶岗实习过程中都注重学生教育管理工作，才能确保校企合作开展人才培养的目标落到实处。

（一）顶岗实习前的教育管理

在实施工学结合人才培养模式中，由于顶岗实习的展开需要找准企业与学校的利益共同点，因此人员和时间并不能够确定在教学进程表中，这容易对参加顶岗实习的学生在思想上产生迷惑。比如一些学生可能会对顶岗实习工作不理解，"为什么不是别人去顶岗实习""是不是学校送我们下企业从中得利""我们是不是被学校抛弃、放弃了的学生"等，这就出现了思想教育跟着问题跑的被动落后局面。另外还有一些学生在接到顶岗实习任务后踌躇满志，向往社会，向往工作，顶岗实习仿佛满足他们独立地开拓一片天地的渴望，但又感到自己缺乏专长，缺乏核心竞争力，对即将面临的顶岗实习感到恐慌的心态占据主导，"我要怎样做才能做好"成了最大的疑问。对于这种情绪反应，学校的教育管理者万不能压制这种由于即将面对着新的工作环境以及新的人际关系，如何适应社会的"流水线"作业而产生的紧张、恐惧和逃避的不适应心理，否则容易导致学生在企业中消极怠工，得过且过，使得工学结合的效果事倍功半。

在岗前教育中，学校教育管理工作者必须让学生明确顶岗实习的目的、意义和岗位要求，使学生站在更高的层面上和更广的社会背景中去看待问题，指导学生从以往的学习经验中找出问题的答案。如果实习任务下达对象是非毕业班的学生，老师要引导学生用理性的眼光直面问题，要善于发现自身的优势，用积极的态度应对。如果顶岗实习任务是下达给毕业班，则可以教育学生可以通过在毕业推荐前的宝贵顶岗实习经历不断提升自己，引导学生要

根据自己的实习状况进行选择留下（或从事接近的工作），还是继续寻找更加适合自己的方向。

（二）顶岗实习中的教育管理

如果我们在顶岗实习前的思想教育工作做得充分，学生在进入企业之后往往能够服从安排，遵守企业的纪律，乐于学习，掌握新岗位的技能。但是随着时间的推移，一些学生不可避免地会出现新鲜感逐渐消退，或者由于工作环境的复杂性和困难导致的退缩情绪，觉得"目前的职业（岗位）没意思""岗位重复多于创新，没有干劲了""顶岗实习不过如此"。在这阶段，学校教育管理工作者要特别注重及时跟踪，适时开展思想教育活动，引导学生转变思想。由于此时学生已经有了一定的工作经验和成长的感受，感觉自己已经"出社会"了，所以，学生教育管理工作者要特别注意学生的主体性地位，强调与学生的互动，建立平等的师生关系。一方面，学生教育管理工作者不能一味地袒护学生，那样无益于学生在真实的工作环境中不仅得不到相关学习、工作生活的经验。另一方面，学生教育管理工作者也不能只站在企业的角度，为企业说话，以为要求学生转变思想适应企业要求，这样往往无法带给他们深刻的感受，甚至还会必然造成学生的逆反心理，使思想教育工作收不到应有的效果。

在学生教育管理工作中，教育者应当注重发挥校企合作制度和以人为本的思想，法规与感情双管齐下，及时发现学生在顶岗实习过程中的优点，肯定他们的付出，加强对表现优秀的学生的引导，发挥他们的先锋示范作用，加强正面激励，搭建起教师与学生间的桥梁。对于思想波动的学生，还更多的以情感人，深入他们的精神世界，促使他们思考在校和在企业的差别，重新认识和了解现实环境，重新界定自己在顶岗实习中的角色。

（三）顶岗实习后的教育管理

学生结束顶岗实习返校，由于很大一部分的工作仍然是对顶岗实习期间的考核、评价、总结等，因此仍然是校企合作学生教育管理的重要内容。学生教育管理工作者可采取总结报告、授课、座谈讨论、个别谈心、评比竞赛、上门慰问等方式，引导学生结合顶岗实习，搞好分析总结，并注意在今后的学习、工作中不断改进、提高。回到学校，通过师生座谈，老师和学生把顶岗实习过程中出现的问题、总结的经验、企业的反馈和今后的方向由感性认识上升到理性认识，使学生认识到通过顶岗实习，认清了自己的兴趣和能力，积累了工作经验。这样，校企合作学生教育管理工作才能产生实际效果，并培养出高技能型的人才。

四、构建校企合作下学生管理工作策略

校企合作下高职学生管理工作的对策，就是要把高职院校校企合作的人才培养模式有针对性地迁移到高职学生管理中去，建立基于校企合作的四大体系，即构建基于校企合作的全员育人体系、学生管理工作体系、过程评价体系、协同管理体系。

（一）构建基于校企合作的全员育人体系

校企合作不仅在教学管理与实施环节上需要校企双方共同参与，而且在学生管理与思想政治教育等方面也需要双方密切合作，因此必须建立以学校党政一把手和企业主管领导挂帅，教学和学生工作的主管部门领导、院（系）负责人组织实施，学生处、团委、辅导员、校内专业老师和企业指导教师具体落实的全员育人体系。另一方面必须建立健全由学校和企业领导组成的校企合作领导小组、学校内部职能部门组成的校企合作实施小组、各院（系）校企合作工作小组和合作企业校企合作管理机构组成的全方位的学生管理组织，并强化学生管理职能的发挥。

（二）构建基于校企合作的学生管理工作体系

为了提高高职院校校企合作、工学结合模式下学生工作的有效性和靶向性，必须建立适应校企合作要求的学生管理工作体系。主要有下几个方面：第一，安全教育制度。在学生进入企业顶岗实习前，学校和企业要对学生进行安全知识普及，特别要注重培养企业生产过程中的安全意识，让学生提前熟悉安全防护设施，了解企业操作流程，使学生对生产安全、劳动纪律、自救自护等方面有充分的认识，做到安全第一，防患于未然。第二，完善学生顶岗实习制度。职业院校应与相关实习企业共同商定顶岗实习期间的学生管理制度，这样既可以规范学生（准员工）的日常工作行为，又避免了学生在实习实训期间出现"两不管"现象。第三，落实定期联系交流制度，学生到企业（行业）后，学校教师、班主任要及时对学生顶岗实习情况进行督促和检查，及时与企业技术人员（兼任教师）沟通交流学生在实习实训过程中存在的问题，及时了解顶岗实习学生的心理和真实想法，切实帮助他们解决实习困难，进而提高实习实训效果。第四，建立登记备案制度。在开展校企合作实践教学时，学校应将学生名单、企业、学生工作时间、管理办法、出现的问题等相关内容作备案登记，有利于以后对这项工作的监督和检查，也为学生成绩的过程评价以及以后的学生管理工作的改进提供一手资料。

（三）构建基于校企合作的过程评价体系

目前高职院校学生顶岗实训评价体系存在不少弊端，主要表现为评价内容缺失、偏重终结性评价、评价主体单一、缺少过程性评价等，最终导致综合测评难以操作，评价流于形式，最终评定的成绩往往显失公平，挫伤了部分学生的积极性。在校企合作的实施过程中，要充分发挥和调动校企双方在工学结合中的育人功能，建立由学校指导教师、学生管理工作人员、企业技术人员和其他员工共同组成的多元考评机制，共同考评学生在校企合作中的综合表现，特别是要提高过程阶段性评价权重。同时，应建立面向学校、企业校企合作工作人员和学生的三维激励机制，通过评优评先、发放奖金、择优聘用、事迹报告等形式，表彰奖励在学生管理中表现突出的各类学生管理人员，充分调动各方面人员参与校企合作学生管理的积极性。

（四）构建基于校企合作的协同管理体系

要使校企合作的学生教育管理产生最大效益，需要政府积极出台相关政策引导，充当学校与企业之间的"耦合剂"，形成政府—学校—企业（行业）合理。政府可以建立校企双方均参与的第三方协同管理机构，协调处理校企合作运行中出现的各种问题。企业可以通过第三方协同管理机构，参与教育教学质量的监控和管理，督促培养的人才是否适销对路；学校也可以通过第三方协同管理机构，将企业规范、行业标准、企业文化融入平时的教育教学过程中去，增强学生对企业的认同感。通过政、校、企三方紧密协调，形成一套政府认可、学校推行、企业参与的科学合理的高素质技能型人才考评体系，以学生专业能力、方法能力、社会能力，提升学生对自我实践能力的自信心，从而提高学生管理工作的效率。

第四章 网络环境下高职院校学生管理的优化研究

随着网络的日益普及，信息化高度发展对教育产生了很大的影响，并呈现出多元化发展趋势，网络既给学生管理工作创造了机遇同时也带来挑战，对此，应积极研究网络环境下学生的管理工作方法手段，以引导学生健康成长。

第一节 基于网络环境下高职学生管理工作的创新研究

2015 年第 37 次中国互联网络发展状况统计报告中网民年龄结构和网民职业结构的数据显示，20 岁左右的学生是互联网使用的主力军，高职学生正处于思想、行为有着非常强的可塑性期，网络引起了他们的强烈兴趣，为了促使高职学生在校的健康成长，作为学生工作管理者必须要正确的认识网络给学生管理工作带来的机遇和挑战，充分发挥网络的积极作用，探索和创新学生管理工作的方法路径，进一步提升学生管理工作水平，开创高职院校学生管理工作的新局面。

一、网络环境下高职院校学生管理工作的现状

网络以迅雷不及掩耳之势的速度刷新着我们的生活方式，成为信息工具的最主要平台。互联网在高职学院的学生管理工作中展示了无法替代的作用，既给学生管理工作带来了机遇，也带来了挑战。

（一）网络环境下高职院校学生管理工作的机遇

1.网络丰富了高职院校学生管理工作方法和手段

网络为高职院校学生管理工作提供了更多的实践平台、开辟了广阔的空间，利用网络平台把学工人员从常规管理工作解放出来，有利于学生管理工作者有更多的时间深入了解学生，处理更棘手的学生问题，提高学生

管理工作效率。

2. 网络增强了高职院校学生管理工作的及时性与便捷性

网络信息的及时性和便捷性，有利于高职院校学生管理工作者及时了解和准确掌握学生的思想动态、心理状况等，有利于实现师生之间无时空限制的有效沟通。

3. 高职学生自我管理能力不断提升

互联网给高职学生提供了更多的学习和消遣方式，极大地丰富了学生的校园生活。网络信息的开放性，为广大学生的自我学习和学术研究提供了丰富的资源，学生借助网络进行学习，使高职学生的自我管理能力得到不断提升。

（二）网络环境下高职学生管理工作遇到的挑战

网络的全开放性已成为学生获取信息的重要途径，但也给学生造成了很多困扰。

1. 繁杂的网络信息导致学生学习的盲目性

由于学生自身知识的局限性，使他们无法通过互联网提取为我所用的有效信息，造成了学生学习的盲目性，最后导致学生网络学习过程中的信息消化不良。

2. 网络垃圾淡化了学生的道德观念，扭曲了学生的价值观

网络信息良莠不齐，高职学生缺乏正确的甄别能力，浏览和发布不良信息，极其容易放松自我的道德约束，如果得不到有效指引，可能会引起高职学生的价值观念紊乱或偏离，这将给正处于求知阶段的学生造成不良的影响。

3. 网络的虚拟空间影响到学生的现实人际交往

很多高职学生在进入大学前都处在单纯的学习环境里，无过多精力接触网络，进入高职院校后又由于宽松的学习环境，一旦接触网络，网络内容的丰富多彩，这对刚解放的高考生来说很容易深陷网络无法自拔，有些学生通宵达旦打游戏，长期流连互联网中的各种消遣，久而久之，同学们之间的沟通减少、人际关系疏远，学生不愿意参与现实生活中的人际交流，继续沉迷于网络世界，出现恶性循环，最后导致有的学生出现人际交往障碍。

4. 网络媒体的直接化、形象化影响了大学生的思维方式

网络开阔了学生的眼界，帮助他们接触了很多新鲜事物，但是大量网络信息干扰了学生正常学习和思考的方式，例如，长时间上网挤占了学生阅读书本、思考问题的时间，导致青少年知识结构失衡，文字应用能力退化，最

终影响了学生整体素质的提高。

二、网络环境下高职院校学生管理工作存在的问题

网络技术的发展和普及冲击着传统的学生管理工作。首先，网络信息的开放、快捷、丰富等特点，导致学生怀疑学校获取知识的权威性；其次，大学生能够通过网络，不受时空限制更快捷地获取信息；最后，网络垃圾信息对大学生极易产生误导，歪曲了一些大学生的世界观、人生观、价值观，产生这些问题的主要原因有以下几点。

（一）高职学生的身心特点

高职学生远离亲人，来到一个陌生的集体环境，短时间让他们很难适应，而高年级学生即将面临激烈的就业市场竞争压力，很多学生会借助网络，在社区、朋友圈上发泄自己的情绪。由于这些原因，造成他们依赖网络，网络让他们有了归属感和成就感，是他们的另一个精神家园。

（二）网络环境：信息技术环境对学生工作的影响

目前学生工作更多地运用网络化动员和组织方式。网络的平等性，挑战了管理者的权威，导致管理者在校园文化中的主导地位下降。互联网的交互性拓宽了大学生人际交往的模式和途径，学生工作的信息被海量的网络信息淹没，网络不良信息的多元化、隐蔽性和欺骗性，给学生身心成长带来了巨大的隐患和伤害，也加大了辅导员日常管理工作的复杂性和艰巨性。

（三）管理者：对信息工具的理解和应用

网络道德教育和法制教育欠缺，导致消极负面的文化思想和垃圾信息通过网络肆意传播；加之学校对辅导员应对网络的能力和素质培训不够；校园文化主题不能充分发挥引导和激励学生的作用。

三、网络环境下学生管理工作创新的意义

高职学生每天都接触网络信息，作为高职院校的学生工作管理者，必须适应信息时代的各种趋势，利用信息时代的特点，创新性地开展学生辅导和管理工作，如利用微博、QQ、微信等社交网络平台，密切关注学生动向和对学生进行一些必要的思想政治教育，定时发布积极上进的文章、学生关注的知识信息和就业信息，让学生随时随地学习，线上和线下同时管理，提高管理效率。把握网络给学生管理工作带来的机遇，促进学生增强自身综合修养，这也是高职院校学生管理工作创新的重要方法。

四、网络环境下创新高职学生管理工作的措施

面对网络带给学生管理工作的挑战，高职学生管理者必须根据教育环境和对象的变化特点，充分理解网络的互动规律和学生工作的运作流程，积极发挥信息工具的优势，采取多种有效地手段，创新学生管理工作。

（一）利用网络平台，实现学生的自我教育与自我管理

当今，互联网的高度发达为学生的自我教育与自我管理提供了广阔的平台，学生管理者要充分认识到网络的便利性和重要性，利用学生热衷网络、依赖网络的特点，让学生积极参与到管理工作中，实现学生的自我教育、管理、服务和成长成才。例如建立班级信息化管理模式，建立班级微信群、QQ群或博客供师生自由交流及提供建议等，可以关注学生细节和动向，增强沟通、加强思想辅导，同时可以通过学生干部在班级传达学校信息。

（二）树立以人为本的管理理念

学校教学目标是为了促进学生的成长成才，而学生管理工作是实现学校教育目标的重要任务之一。所以，高职学生管理工作应该把学生放在第一位，在管理中要充分考虑学生的家庭背景、性格特点等，必须围绕促进学生的发展进行有针对性的、个性化的管理。

（三）创建积极向上的网络文化

高职学生的生活已经离不开网络，因此高职院校可以利用网络平台，将各类学生、社团和志愿者活动依托校园网优势，建立专题网站，组织各种生动活泼、丰富多彩的网络文化活动，例如举办网页设计大赛、课件大赛等，开展网上教育、交流、讨论等活动，激发高职学生网络学习兴趣，积极投身健康的网络活动中，从而丰富了校园文化的载体，实现了学生管理工作的有效开展。

（四）网络环境下学生管理工作队伍建设

增强学生管理者对网络的理解、应用能力。首先，要重视对学生管理工作人员的网络培训，通过培训，让学生管理工作者紧跟网络发展的潮流，掌握网络的应用和交流能力，正确理解网络的人际互动规律，熟悉网络的操作技术，真正有效地将互联网作为管理工作的工具和手段。其次，要充分发挥学生干部在网络中的监督作用，培养一批学生干部能时刻关注和关心网络上的动态，在异常情况下，能第一时间向负责老师反馈，以便将突发性事件的影响程度降到最低。

（五）监管网络文化，完善校园网站建设

高职学生管理工作者应当从技术层面上对网络文化进行科学有效地监督。监督网络文化可以安装计算机防火墙等网络软件，拦截不良信息，严格规范约束学生的网络行为，建立学生网站，创新学生管理形式，优化学生服务内容，打破以往教育网站内容枯燥乏味的状况，进一步提高学生在网站上的浏览率，从而达到潜移默化地对学生进行科学有效管理的目的。

综上所述，网络已经融入高职学生的生活，已经成为一种潮流，给高职学生管理工作提出新的任务要求。这把"双刃剑"既给学生管理工作带来了机遇，也带来了挑战。高职学生管理者面对网络时代的新要求，势必理清思路，创新管理模式，采取行之有效地管理措施，保障学生有一个安全的网络学习生活环境，提高学生管理工作的效率，培养出符合新时代要求的合格大学生。

第二节 大数据背景下高职院校学生管理

互联网、云技术以及个人移动设备的普及使得数据的生成量成倍地增加，部分学者已经意识到数据的重要性，并不断探索挖掘大数据途径。大数据一词正是在这种背景下进入了人们视野，并以迅雷之势在计算机、电子商务等领域展开应用。

全面性、预测性以及个性化等大数据特性不仅为计算机、电子商务等领域创造了巨大的利益，同时也为优化学生管理工作提供了新的路径。高职院校学生管理对象个体差异大，管理内容较为复杂，单纯依靠传统管理模式难以满足时代发展需求，而大数据理念和技术的发展不仅能够有效提高管理效率，而且可以促进个性化管理的实现，所以利用大数据理念推动高职院校学生管理工作优化将是未来发展的趋势。

一、大数据背景下高职院校学生管理工作的问题

大数据不仅为学生管理工作注入了新的元素，也对学生管理工作提出了新的要求。一方面，随着大数据理念和技术的发展，部分传统管理模式下学生管理工作中存在的问题可能在大数据的推动下得到解决；另一方面，数字设备与网络资源的普及给我们所带来的便捷和优势，可能使管理人员和学生不满足于原有的学生管理模式，对学生管理工作提出了新的要求，即学生管理工作的优化问题。

（一）信息收集不全面

人本管理理论强调要重视人的发展，挖掘人的价值，发挥人的积极性和主动性，从而实现人的全面发展。在学习管理中要促进学生的全面发展，首先需要对学生的情况有全面的了解，据调查发现大多数高职院校的师生比超过1∶20，有些甚至到达1∶30以上，从事学生管理工作的人员数量更是少数，而且学生管理工作的内容广泛、程序繁杂，使得工作人员的任务较重。加之思想观念和技术手段的限制，现有的学生管理工作很难收集到较为全面的信息。

具体表现为以下几个方面：

在评优管理的调查和分析中，可以发现大多数院校采用学习成绩与课外活动相结合的评优标准，虽然不同学校、不同学院的分值比例有所不同，但大致上可以兼顾学生课内外的表现，在一定程度上促进了学生的全面发展。但其中也有部分学生认为学校的评优标准比较重视学生成绩，而对于学习过程和学习态度等内容考察的比较少；在活动方面，有一半以上的学生认为学校的评优标注比较注重获得的奖项，而忽视在活动中的态度和努力程度等因素。可见在评优过程中依然以结果性指标作为主要的评审标准，而对于过程性信息的收集较少。

在心理健康管理调查中发现大部分高职院校设置了心理咨询中心并开设了心理健康教育课程，可是根据调查显示这些机构和课程的实际效果并不明显。其中有部分学生表示产生焦虑、抑郁等不良情绪不愿寻求老师或咨询中心的帮助，并且有很多学生认为心理健康课程对自己心理状态改善不明显或意义不大。可见，学校设置的机构和课程在学生中的认可度不高，试图通过这些方式来获取有关学生真实心理状态信息的可能性相对较小。

心理测验作为了解学生心理健康的一种重要手段，可以对部分心理问题进行筛选，但是由于高职院校进行心理测验的时间间隔较大，每学期的心理测试次数等于或小于一次，而且学生对于心理测验的态度不够认真，难以反映学生真实的心理状态。大多数高职院校只是把心理测验用于初步筛选，信息的实效性和完整性较差。

（二）决策依据主观化

决策是管理者识别并解决问题的过程或者管理者利用机会的过程，优质的决策有利于组织绩效的提高。对管理者来说，决策是头等大事，只要管理者着手计划、组织、领导和控制上的工作，就要不断地做出决策。

泰罗在其科学管理理论中表示优质的管理是用科学方法代替经验方法的

过程，而信息资源可以作为方法科学化的最有力的支撑。管理者在决策时离不开信息资源，信息资源的数量和质量直接影响管理者的决策水平，因此管理者在决策之前及决策过程中要尽可能地通过多种渠道收集信息作为决策依据，但在传统学生管理模式中由于理念以及数据加工方式的限制使决策依据存在着一定的主观性。

在评优管理调查中，大多数学生对现有的评优标准比较满足，但在个别项目中满意程度相对较低，而影响满意度的重要因素之一是管理过程的公平性和灵活性。其中大多数学生认为自己了解学校进行学生评优的具体标准，并且相信学校能够严格按照评价标准进行评优，可见评优的标准和过程基本可以实现客观化和公正化。对评优参与情况的调查中，大多数学生表示曾经有参与过自己或者他人的评优过程，并且在评优过程中可以做到多元主体的评价，评价主体一般为老师和学生。评价方式以他评为主，一些院校的部分内容采用学生互评为主的评价方式，教师参与程度降低，从而保证学生在评优过程中的主体地位，但是评价手段比较单一。在对现有的评优管理的评价中，大部分学生对奖学金、助学金等评价过程表示满意，可见大部分同学对学生管理的评价较高。

（三）资源利用效率低

按照科学管理理论的观点，科学化的管理方式可以提高管理效率，从而实现更优质的管理，而科学化的基础和前提是对信息资源的充分利用。据统计，高职院校的设备经费比一般普通高等教育相应的专业要多 0.5—1.5 倍，校园中的电子服务设备以及网络资源也基本普及，而这些服务设备和网络资源的利用率并不高。

调查中发现高职院校为学生准备了较充足的教学资源，例如各种专业数据库、学习网站的链接、学习软件的链接等，但经常使用这些资源学习的学生数量较少，部分学生是按照学校或者老师的要求进行网络资源的学习，一般是完成对应的作业即可，利用课余时间学习其他内容的情况较少，可见，高职院校网络学习资源的利用率有待提高。

在生活管理的调查中发现，大多数学生愿意在寝室门禁处、食堂、浴室、图书馆等地方使用校园一卡通等电子设备，而且大部分学生认为电子设备的使用可以为生活提供更多便利。可以看出电子服务设备在高职院校基本普及，而且学生的认可程度也较高，在这些设备的使用过程中会生成大量的数据，其中蕴含着不少有价值的信息，而调查发现很少有学校把这些信息资源进行再加工和处理。

在实习和就业管理方面，学校虽建立了管理平台，但存在信息更新不及时、网络系统无人维护等问题，导致系统平台的利用率较低。其中只有37.6%的学生表示听说或使用过学校的网络实习管理平台，在调查中了解到实习信息主要是通过辅导员在QQ群或者微信群里发布，信息获取较为及时、方便。相对而言就业管理平台使用率高一些，可以达到64.5%，学生们也纷纷表示学校是获取就业信息的主要途径，并且一半以上学生对平台的信息更新表示满意。但平台中对于学生就业的后续工作关注较少，已获取的大量资源没有得到充分的利用。

（四）管理反馈滞后性

目标管理程序中最为重要的一部分是管理反馈。所谓管理反馈是指管理者为保证及时、高效、准确地完成组织计划任务和目标，必须及时了解系统外部环境的变化及系统自身活动的进展，及时、准确地掌握系统环境变化和系统状态的变化。学生管理作为学校管理的重要组成部分，关系到广大学生的学习和生活，所以反馈无论对学校还是学生个人而言都十分重要，而在调查过程中发现学生管理的反馈并不十分理想。

在学习管理调查中发现大多数高职院校仍以传统教学方式为主，即以教师为主导的传授式教学，这种方式能够保证知识传授的系统性和完整性，但师生之间交流较少，可能导致教师无法准确地了解到学生的实际情况，而大数据背景下教学活动是由教师和学生共同完成的，师生互动的状态与程度是决定学习效果的重要因素。

根据调查结果了解到，实习过程中经常存在迟到、早退或旷工现象，并且实习过程中很难做到与实习教师及时沟通或者得到指导，甚至有些学生认为自己的合法权益保障无法得到保障，同等劳动强度只能拿到较低的生活补助。可以看出在实习过程中学生、企业以及学校之间交流不畅，信息反馈不及时，使产生的问题无法得到及时发现或处理。

人本管理理论强调要重视人的需要，利用得当可成为一种良好的激励手段。在学生管理调查中学生对生活管理的反应较为强烈。其中有将近一半的学生认为现有的寝室、食堂、浴室等日常生活服务不能满足学生需求，并列举了许多不足之处。在学校对学生生活和心理信息掌握方面，学校很少关注学生的就餐次数、就餐费用等情况的变动，对于个人消费情况关注更是少之又少。有部分学生认为学校无法及时了解自己的焦虑、抑郁等情绪，并且不能给予自己有效地帮助。良好的沟通是保障管理工作顺利进行的根本，在调查中有一些学生认为学校根据学生的反应和意见作出调整的情况较少。可以看出，学校对于学生生活状态和心理状态的信息了解较少，学生生活中出现的问题和困难难以被及时的察觉，从而降低了反馈效果。

（五）个性化管理缺乏

标准化与个性化是学生管理不同层次的要求，标准化是学生管理基础层次的要求，个性化是学生管理的更高层次的要求。标准化管理是必要的，但更需要个性化管理，为其管理风格和管理理念的形成搭建平台。在调查结果的分析过程中发现现有的学生管理工作中个性化管理较少。

通过对学习管理的调查发现，大多数学生对教师讲课的难度和速度比较认可，但也有部分学生认为自己很难适应教师讲授课程的难度、速度，认为自己在掌握知识点或完成作业等方面存在困难。由于高职院校学生来源广泛、知识基础差异大，统一的教学方式难以满足全部学生的需要，但从目前高职院校的师生比考虑，单纯依靠课堂教学实现个性化的可能性比较小。

在实习和就业管理中，一些学生对自己的就业方向并不十分明确，对自己的个性特征和职业特长认识不够充分，可见部分学生对于自己的优势和职业规划比较迷茫。高职院校中普遍存在实际实习岗位与在校期间所学专业不相匹配的现象，而大多数学生认为实习岗位与所学专业相对应是十分必要的。此外学校提供的就业指导和职位推荐缺少针对性。可见，学校虽在实习和就业过程中积极为学生提供信息和服务，但由于每个学生情况不同，部分学生人生规划比较迷茫，面对大量的信息无法加工处理，急需个性化管理方式的应用。

通过对调查材料的整理，发现大部分学生会根据自己的情况，制定个性化的学生和生活计划，并按时完成相应的任务，说明大部分学生具有一定自我管理能力，而且对自己指定的个性化计划执行的积极性比较高。在访谈过程中了解到，部分学生认为现有的学生管理工作中以学生为本、全面育人、个性化等理念缺乏，在实际工作中感受不到这些理念的体现，可以看出部分高职院校对于"个性化"等理念的落实工作不足。

二、大数据背景下高职院校学生管理工作问题产生的原因

由于管理理念和科学技术的限制，上述存在的问题常常被忽略，甚至成为一种工作习惯。大数据思想理念和技术的引入，为人们提供了一个新的视角来重新审视传统学生管理，反思工作中的问题和不足。本节对信息收集不全面、决策依据主观化、资源利用效率低、管理反馈滞后以及个性化管理缺乏等问题进行了深入的思考，结合大数据背景，将从下列三个方面分析产生

问题的原因：第一，相关理论逐步深入人心，培养目标的不断更新，使得人们需要更优质的学生管理；第二，大数据思想理念的广泛传播，促使人们重新审视学生管理工作，从而发现了许多新问题；第三，科学技术的发展，使更精确的数据处理可以与学生管理工作相结合，为优化学生管理工作提供实施路径。三者之间相互协调、相互融合，共同促进大数据背景下高职院校学生管理工作的开展。

（一）理论发展使原有管理方式难以满足时代的需求

当代学生管理是以科学管理、目标管理和人本管理为理论基础，以培养目标为指引，结合大数据特点，培养学生全面发展，成为社会主义事业接班人的过程。近年来，相关理论和培养目标的完善，推动了学生管理的优质化发展，同时也使得决策依据主观化、管理反馈滞后以及个性化管理缺乏等问题更加突出。

理论来源于实践又服务于实践，相关理论的发展和完善同样也促进了学生管理的转变。科学管理理论提出以科学方法代替经验方法的观点，认为可以通过管理科学化来提高劳动效率，而提高效率的决定因素不是经验，而是科学管理体制的创新。在学生管理过程中需要构建一种科学化的管理体制，从而提高管理效率，但如何在学生管理过程中实现科学化依然缺少实现路径，这也是在传统学生管理工作中决策依据主观化的原因之一。

目标管理理论强调目标在整个管理过程中的重要性，认为首先应建立完善的目标管理体系，并就实施情况及时进行评估与反馈。结合学生管理工作的特点，及时评估和反馈可以用于了解学生的实时状态，成为衡量决策有效性的重要方式，所以不少学者和管理者提倡在学生管理工作中进行及时评估和反馈，但由于学生管理工作比较琐碎，评估和反馈较为滞后，所以在传统的学生管理工作中依然存在管理反馈滞后的问题。

人本主义提出要注重人的价值、挖掘人的潜能、重视人的需要、实现人的发展等观点，提倡在学生管理中把每一个学生都当作独特的个体，激发其内在动力，从而促进学生的全面发展，这一观点不仅把学生作为管理的对象，更是服务的对象，在管理理念上有了很大的转变。但由于师生比等各种原因的限制，使得人本管理理论无法与学生管理理论充分的融合，这也是导致学生管理工作中缺乏个性化的重要原因之一。

以上三个理论分别从不同的角度为学生管理提供了转变的思路，虽然这些理论在学生管理中的落实较为困难，但不少学者和管理者正在不断地为之而努力，不断寻求彼此之间的融合点。

随着时代的发展，高职院校的人才培养目标也在不断更新，同时对学生管理工作也提出了新的要求：第一，关注学业的同时也要关注学生生活。在校园生活中要及时发现学生遇到的问题并为其提供帮助，从而促进学生全面的发展；第二，统一管理的同时也要注重个性化管理。一方面要进行统一管理，使学生的学业有所提高、生活井然有序；另一方面对有特殊情况的学生应投入更多的时间和精力；第三，管理学生的同时也要为学生提供服务。在保证管理质量的同时可以为学生提供更多的服务，从而发挥学生管理工作的主观能动性。

在相关理论和培养目标的推动下，越来越多的学者和管理者开始关注学生管理工作过程中出现的决策依据主观化、管理反馈之后以及个性化管理缺乏等问题，这为大数据背景下学生管理工作的开展奠定了基础。

（二）大数据理念传播促使学生管理思维的量化转变

在科学管理、目标管理以及人本管理理论的推动下，人们已经不再满足于原有的学生管理方式，开始追求更为科学、更为个性化的管理。在过去的几十年里，部分学者在这一领域进行不断地探索，但由于种种条件的限制，所提出解决方案的针对性和可操作性有待提高。近年来，大数据理念在计算机和商业领域广为传播，并且带来了巨大影响，这在一定程度上促进了学生管理工作的思维转变。在这种量化思维的推动下，原有的学生管理工作中存在的信息收集不全面、决策依据主观化、资源利用效率低以及个性化管理缺乏等问题更为突出。

在强大的优势驱动以及政策推动下，越来越多的行业开始探索信息化的应用，其中学生管理工作的信息化过程引发了学术界的广泛关注，信息化的涌入为优化学生管理工作提供了新思路。

1. 从"定性"到"定量"的转变

在传统的学生管理工作中，普遍采取定性与定量相结合的方式，但由于学生管理工作的特殊性，使定量研究受到了限制，也使科学管理理论中提出的用科学方法代替经验方法的观点受到阻碍，造成在学生管理工作中存在决策依据主观化的问题。而大数据理念的传播使人们意识到数据可以成为决策的有力依据，在学生管理工作中采用量化管理，可以促进科学化管理的实现。

2. 从"部分"到"全体"的转变

由于高职院校学生管理的对象数量较多、个体差异较大，加之学生管理内容繁杂，所以传统的学生管理工作中经常采取以样本代替总体的抽样方法，从而降低了调查成本。而大数据理念的传播，使得收集总体数据成为可能，而且要比传统学生管理时代的抽样调查节省成本、效率更高。人们已经不再满足于"样本代表总体",而是希望获取"样本即是总体"的数据,这使得信息收集不全面的问题更加凸显。

3.从"静态"到"动态"的转变

优质的决策依赖于对所处环境的充分了解。在传统的学生管理时代,由于技术以及人力、物力等条件限制,所获得的资料信息以静态的为主。例如,在高职院校学生管理工作中对学生学习情况的了解大多来源于学生上课的出勤率、学生的课程作业和课程分数等一些静态数据,而学生上课时的表现、学习该门课程所花费的时间等过程性的动态数据获取较少。动态数据可以让决策者及时地了解实际情况,而且可以对策略的实施效果进行及时的反馈以便做出调整和改进。动态数据以其独特的优势赢得了人们的偏爱,人们希望在工作过程中可以获取更多的动态数据,从而改善反馈滞后的问题。

(三)大数据技术发展为优化学生管理提供技术支持

管理理论的发展是学生管理工作优化的基础,大数据理念的传播为优化学生管理工作提供了方向,而真正能使大数据优势落实到学生管理中的技术支持是科学技术的发展。

一方面,在传统数据时代,部分学者和管理者意识到学生管理工作中存在一些不足,但缺乏有效地实施路径;另一方面,大数据理念的出现,使得原有的工作效率和工作质量有了可提升的空间。科学技术的发展为其提供了强有力的技术支持。

与传统信息加工方式相比,现代信息技术从数据获取到结果分析均表现出独特的优势。两者的信息处理过程基本一致,主要包括:信息获取、信息存储、信息加工以及结果处理四个过程,但在具体的处理手段上存在差异,现在信息技术为改善和优化高职院校学生管理工作提供以下几方面的支持。

1.信息获取便捷,提供客观依据

通过传统与现代信息加工方式的比较可以看出,在信息获取容量、时间、类型、来源等方面凸显了现在信息获取数据范围广、速度快等特性,将其应用于高职院校的学生管理工作中,可以提高学生信息收集的数量和种类,从而使管理者尽可能地了解学生的信息,为接下来的数据处理工作打下坚实的基础。

2.数据存储并行,提高工作效率

相对于独立存储,现代信息技术所采用的大规模分布并行式的存储方式可加快数据处理速度，提高工作效率。高职院校学生管理工作性质繁琐、工作量大，急需现代信息技术的结合，使管理者从琐碎的工作中解脱出来，有更多的时间和精力关注有特殊需要的学生以及进行管理创新。

3. 数据加工深化，发掘隐含价值

关联规则、决策树等技术的应用使数据挖掘的深度大大提升，可以发掘表面看起来无关联的数据之间的隐含关系，这对于个性化管理具有重要意义。该技术应用于高职院校学生管理工作中，可用于挖掘与学生特性行为相关的隐含因素，从而提供个性化的管理和服务。

4. 结果应用广泛，注重预测反馈

高职院校学生安全管理存在的最大难题是无法对学生行为进行有效预测，只能根据已有的经验进行管理，难以满足实际需求。不少管理者和学者已经意识到数据预测和反馈功能对于高职院校学生管理工作的意义，并在不断地进行探索。

三、大数据背景下高职院校学生管理的改善对策

大数据理念对学生管理工作提出了新的要求，同时也提供了解决问题的新思路。以产生问题的原因为出发点，在科学管理、目标管理以及人本管理理论的指导下，结合大数据背景探析解决信息收集不全面、资源利用效率低、管理反馈滞后、个性化管理缺乏以及决策依据主观化等问题的改善对策。

（一）加强信息化建设，提高学习管理效率

《国家中长期教育改革和发展规划纲要》中提出："关心每个学生，促进每个学生主动地、生动活泼地发展，尊重教育规律和学生身心发展规律，为每个学生提供适合的教育。"但由于人力、物力等方面的限制，单纯依靠传统的学习方式很难实现学习和管理的个性化。大数据理念和技术为管理者和教育者提供了一种新的解决问题的思路，大大降低了其工作量，使其有精力关注一些有特殊需要的学生以及进行一些创新工作。

大数据背景下学生学习管理信息化建设的设计思路有以下几点：

第一，学习内容和方式的数字化。在调查中了解到仅依靠传统的学习方式难以实现满足学生发展的需要，网络学习资源可作为一种补充方式，大数据技术的发展为学习资源的数字化提供了技术支持。学生对哪些内容感兴趣、以何种方式进行学习、花费的时间有多少等内容可以通过信息采集来获得相关数据，能够真实地了解学生的学习情况，并且为接下来的分析工作奠定基础。

第二，数据深加工，挖掘隐含价值。人本管理理论所提倡的挖掘人的潜能的观点依赖于对学生情况的充分了解，结合管理过程中存在的资源利用率低等问题，数据深加工可在一定程度上提升资源的利用率，为决策和开发提供依据。学生学习过程中生成的数据隐含着学生的性格特点以及学习方式等信息，具有较大的价值，需要依靠相应的储存技术、数据挖掘技术以及可视化技术使其中隐含的价值得以显现，发现不同学生的性格特点和学习方式的不同。

第三，实现个性化学习。在传统学习方式中缺少个性化管理是最为突出的问题，人本管理理论认为优质的管理应以人为本，满足不同学生的需要，所以个性化学习是学习管理系统设计的重点内容。了解了学生的学习特点和行为习惯后可根据个人情况推送相应的学习内容和资源，在线学习和数字资源的应用使个性化学习的实施成为可能。在实施过程中获得的数据一方面可以用于对本次个性化教学的评价，另一方面可以作为了解学生此时的学习状态的最新数据，从而体现出大数据时代学生学习管理的特点。

根据高职院校学生的课业特点以及认知发展规律，高职院校学习管理信息化建设可分为四个部分。

第一部分：学习应用过程。

该部分主要整合高职院校学生学习的不同方式，并将不同方式产生的学习信息进行量化，以数据的形式进行输出，为数据库建立提供信息来源。同时，学习应用区可以根据反馈信息为学生提供学习内容或个性化指导方案，从而实现高职院校学生学习的良性循环。其中包括课堂学习、在线学习、在线考试、查询与反馈以及学习指导等内容。

第二部分：数据整合过程。

把学习应用区、资源管理区和系统管理区的数据整合到学习管理数据库中，并将这些数据上传至云管理数据库，与其他系统所获取数据融合，从而实现数据共享与云存储。云管理数据库是一个综合性整合平台，除了学生学习数据，生活、健康、就业等信息也可汇聚于此，构成一个全方位、立体式的学生管理平台，在避免信息孤岛的同时也为数据分析奠定了坚实的基础。

第三部分：数据处理过程。

该系统主要是通过数据挖掘等分析手段探索数据之间所隐含的关系，了解学生实际学习的情况，分析学生的性格特点以及学习特征。其中包括利用数据筛选和数据剔除对数据进行修正、利用可信赖数据对数据进行修正，构成相关联数据的集合，应用关联规则、决策树、神经网络、遗传算法等数据挖掘技术使数据的意义显现，该部分是应用大数据技术突出学习个性化的重要组成部分。

第四部分：个性化方案制定和实施。

数据挖掘生成的结果呈现形式难于理解，需要通过可视化技术的处理才可以使数据中隐含的意义显现出来。目前在教学中应用的数据可视化技术主要有：Visual Eyes——在线可视化编辑工具；Google Trends——揭示数据关系；Many Eyes——集合可视化工具的在线社区。以布鲁纳的教学目标分类和柯氏四级培训评估模式为理论基础，对学生学习情况进行评价并制定出有针对性的学习计划和指导意见，实现高职院校学生的个性化学习。

（二）促进学校、企业和学生交流，完善实习管理流程

由于实习管理工作内容较为琐碎、复杂，涉及学生、学校和企业三方面的关系协调，单纯依靠传统的提交申请、审批、考核等实习管理程序难以满足时代发展的需求，在增加管理人员工作负担的同时，也在一定程度上制约着管理效率的提高。结合大数据的发展趋势，以及实习管理中存在的资源利用率低、管理反馈不及时等问题可以通过完善实习管理流程来得到缓解，通过整合学生在实习过程中生成的信息、学校信息、实习企业以及指导教师的相关信息，为学生的实习活动提供更多的信息和帮助，从而实现高职院校学生管理工作的规范化、自动化、网络化以及信息化。

大数据背景下的实习管理流程的设计思路有以下几点：

第一，提高实习管理的效率。不少高职院校仍以纸张传递信息的形式进行实习管理，使得信息传递时间过长，不能及时地发挥作用，而且在传递过程中容易出现错误和疏漏。依据科学管理理论提出的科学管理体制创新是提高劳动效率的关键，探索网络管理平台对于学习管理的优化方式，发挥网络管理系统可以减少信息传递的时间，发现错误可以及时地进行修改。

第二，借助网络实现实时交流。目标管理理论认为及时进行目标评估和反馈是保证任务顺利完成的重要因素，而在调查过程中发现实习管理过程中存在着比较严重的反馈滞后问题。传统的管理模式中，学生进入企业实习后，学校对学生的实习表现、企业提供的指导水平了解较少，监管的力度有所下降，通过网络可以对学生、学校以及企业多实习过程中的情况进行及时地了解，增加了实习的透明度。

第三，收集更多的信息和数据。针对信息收集不全面的问题，在工作过程中把实习申请、工作总结、实习成绩等内容进行整理、上传，并通过网络进行监督，提高实习信息的丰富度。大数据最大的特点是可以挖掘隐含价值，

数字化设备的使用在提供便利的同时也会收集大量的数据，这些数据可以成了解学生动态、评价管理模式的基础材料。

依据学生实习的一般流程，将大数据背景下实习管理流程的优化分为五个部分。

第一，实习申请管理部分：学生可通过账号和密码登录到学校的实习管理平台，管理员会将审核过的企业实习信息发布到平台上，学生可随时进行查阅并提交实习申请。审核通过后可在网络平台上进行岗前培训和管理制度阅读，之后即可准备进入实习。

第二，顶岗实习管理部分：由学生和企业指导教师记录，学生记录的内容有实习日志和实习报告书并上传至系统，指导教师主要负责查看实习报告书并上传实习考核表，从而实现对实习的过程化记录。

第三，实习总结管理部分：主要由学生编写实习总结，教师进行审核。学生主要负责提交实习总结和上传相关附件，也可对提交的总结进行查阅；教师审核学生提交的总结和附件，通过后可确定结束实习。

第四，评价教学管理部分：分别由学生和校内教师做出评价，学生主要评价校内教师和企业指导教师，校内教师主要评价学生和企业指导教师，这种多元化的评价方式可以更为立体地了解到实习管理的状态。

第五，实习成绩管理部分：学生和教师均可通过账号和密码登录进行查阅，既可以看到学生的实习成绩，还可查阅到实习企业给出的鉴定，从而对实习过程有更为深刻的认识。

整合以上五个部分的信息和数据，分别汇入到实习申请数据库、实习过程数据库、实际评价数据库以及实习成绩数据库，并将这些数据库上传至云管理数据库，为其他方面的管理和服务提供资料。

（三）注重过程性评价，丰富评优管理内容

比格斯在评价 3P 模型（presage，process，product）中提出"课堂系统中有四个主要的组织成分：两个与'前提'相关的成分（有关学生和教师的背景），一个与学习过程相关的成分（学生的学习方式），以及一个以学习结果或产物相关的成分。"其中，过程作为连接前提与结果的成分在学习活动中发挥着重要的作用，加以分析可以获得学习者的学习方式以及实训操作过程等信息，这些信息对于改进学习效果和操作技能具有重要的推动作用。而传统的管理模式的评价方式表现为重结果、轻过程，难以对学习方式等深层次的信息进行分析，具有一定的局限性。在这种情形下，过程性评价应运而生，现代信息技术的发展满足了获取学习过程中的数据和信息的基本要求，促使过程性评价在高职院校中得到推广。

针对调查中评优管理存在的问题及产生原因，大数据背景下在评优管理中注重过程性评价的出发点有以下几个方面：

第一，可行性。目标管理理论认为建立完善的目标管理体系对于目标的实现是十分必要的，同样在评优管理系统中制定具体的、可行的过程评价标准也是工作的重点。过程性评价能够发挥作用的前提是评价切实可行，一方面，要求评价指标具有可操作性，并且符合学生的发展规律以及管理原则和目标；另一方面，要求评价实施过程有严格的流程，从而保证评价指标可以落实到具体行为上。

第二，多元性。在调查中发现现有的评优管理中存在评优手段单一、评价主体单一等问题，以此为出发点，在评优管理系统设计时要注意以下两方面：一是指评价主体多元，可以由教师、管理者、同学、自我以及数字设备等来进行评价。二是指评价方式多元化，可以包括他评、自评、互评以及数据直接生成的评价。

第三，及时性。针对管理反馈较滞后等问题，所设计的评优管理系统注重信息收集的实效性。及时有效地评价可以提高管理者的敏感度，为决策提供实时参考，也可以进行反馈帮助学习者调整自己的行为。

第四，导向性。人本管理理论认为人具有不断自我发展和完善的潜能。高职院校学生大多数具备自我管理的能力，但在此过程中需要指引和帮助，优质的评优管理可以作为学生发展的导向。评价的目的是为了解学生的情况和为决策提供依据，而对学生而言评价本身就具有激励作用。在实施过程性评价过程中，要注重导向作用，引导和促进学生向更有效、更优质的学习方式迈进。

以以人本主义管理理论和过程性评价为基础，促进过程性评价的实施，其中包括：评价指标制定、开展活动评价、数据收集与处理、结果生成与反馈四个部分。

第一部分：评价指标制定。良好的评价要以具体、可操作的评价指标作为基础。首先需要查阅相关文献资料，结合本学校的特色进行影响因素分析，在管理目标和管理原则的推动下确定备选指标。相关专家、教师和管理人员通过专家调查、层次分析和模糊分析等方法确定一、二级指标及权值，从而建立过程评价指标体系。

第二部分：评价活动开展。以学生本人、教师、其他学生以及数字设备作为评价主体，分别采取自我评价、他人评价以及量化比对的方式进行评估。评估的信息主要包括：学习信息（学习内容、学习时长、学习时间段）、设备信息（学习材料、学习媒体、学习方法）、交流信息（讨论话题、讨论时间、讨论次数、答疑情况、意见反馈）、结果信息（测验成绩、平时作业、实训操作、设计展示）。

第三部分：数据收集与处理。在学习过程中所收集的数据分别导入到自评数据库、教师评价数据库、学生互评数据库以及设备导入数据库，作为数据分析的原始材料。经过数据聚合、数据修正、数据挖掘和可视化技术处理使数据间的关联显现。

第四部分：结果生成与反馈。数据处理后的结果可分为学生自评分析结果、教师评价分析结果、学生互评分析结果以及总特数据分析结果。这些结果将分别反馈给学生、教师和管理者，为相关学习和工作的改进提供依据，同时在应用的过程中要对过程评价系统不断地进行改革和完善。

（四）整合多元信息，优化生活管理决策

近年来，高职院校学生日常生活状况引起了越来越多人的关注，在注重技能培养的同时更关心学生是否具有良好的心理素质，是否能够做到"学会做事、学会生存、学会生活"。良好的生活品质除了依赖相应的思想教育之外，更需要积极关注学生生活动态。所以，高职院校学生生活管理的重要性正在不断提升。

现有的高职院校对于学生日常生活管理表现出一些不足，例如，对学生生活情况了解不够全面，大多局限在入学初所输入信息的范围；信息获取以静态为主，大多采取纸质提交的方式进行，信息滞留时间较长；重视程度不够，生活方面的问题具有潜隐性，不易被察觉，部分管理者意识不到其重要性。大数据与学生日常生活相结合，在一定程度上可以缓解以上不足，推动高职院校学生日常生活管理的优化，促使高职院校学生在享有高质量的校园生活的同时培养良好的品德和心理素质。

目前，我国已经有部分院校将大数据应用于学生生活管理工作中，例如，南京理工大学以学生在食堂消费过程中生成的数据为依据，进行数据分析，从而确定需要给予补助的学生。华东师范大学在此基础上建立了人工识别环节，系统检测出有消费异常的学生，学校管理人员会进一步的确认，从而保证真正有困难的学生得到及时的帮助。

大数据以其独特优势为高职院校学生日常生活管理优化提供了新的路径，具体可以从以下三方面寻找突破口。

第一，便捷学生生活。

依据人本管理理论中以人为本的观点，一些的学生管理工作的出发点和最终目的都是为学生提供更好地服务、促进学生的全面发展，所以，在优化过程中应当优先考虑学生的实际需求，把为学生提供便利作为出发点。

第二，了解学生动态。

管理反馈滞后在生活管理方面更为突出，由于学生人数众多、性格各异，每个学生所表现出来的行为不尽相同，而且会随着时间的推移而不断变化。好的管理应该能做到了解学生的实际情况、关注学生的实时动态，这样才能做出更合理、更及时的管理方案。

第三，决策有据可依。

针对决策依据主观化的问题，在设计管理系统时更加注重信息的收集和利用。大数据理念使得原有单纯依靠经验而进行的决策很难满足学生管理的需求，急需更客观、更真实的依据出现。实际上，由于数字设备的投入在管理过程中生成的数据正在成倍的增长，这些数据在大数据的"加工"下都可以转化为提高决策可靠性的有力依据。

不少高职院校为加强管理和方便学生推行校园一卡通的使用，学生在学校的多个方面进行使用，十分便捷，同时也生成了大量的学生生活记录。大数据理念与学生日常生活管理的结合正是利用校园一卡通所收集的数据，保证数据真实、有效地同时也可以节省数据收集的成本。整个过程可以分为四个部分：信息收集、数据整合、数据处理以及结果应用。

第一部分：信息收集。高职院校学生日常生活管理数据来源主要有三方面：一是学生的基本信息，可从学生档案或者云管理数据库直接导入。二是学生在使用校园一卡通过程中生成的数据，根据活动范围不同可划分为若干个子系统，其中包括：食堂管理子系统、消费管理子系统、医疗管理子系统、浴室管理子系统、信息查阅管理子系统、电子阅览室管理子系统、图书借阅管理子系统、门禁管理子系统、水电管理子系统、银行转账管理子系统。三是附加信息，部分信息无法通过以上两种方式获得，需要单独地进行收集和录入。

第二部分：数据整合。把所收集的各个子系统的数据进行汇总，其中会含有不完整或者错误的数据，在这一过程需要进行清理和整合。一方面需要利用相应的技术手段进行数据筛选和数据提出，另一方面需要利用可信赖数据对汇总后的信息进行完善。之后可以根据数据的应用范围将其划分为学生数据库、管理数据库以及活动数据库。

第三部分：数据处理。利用数据挖掘等技术探索数据库之中以及不同数据库之间的关联，了解学生日常生活的动态和不同行为之间的关系。例如，可以了解学生的活动频率、学生的消费水平，可以进行男女生消费差异分析、学生阅读兴趣分析、学生消费偏好分析等，可以探索不同经营模式对学生行为的影响、不同宣传形式对学生阅读的影响、食堂调整对学生满意度的影响等。

第四部分：结果应用。数据处理的结果，一方面可以帮助管理者及时、准确地了解学生在校园生活中的状态，可以通过设定预警值监控近期生活波动较大的学生，并提示管理者及时地了解具体情况，可以体现出学生管理的个性化。另一方面，大量的数据资料可以作为决策依据，提高了决策的可靠性，促使学生管理工作不断发展。

（五）构建预警机制，提升心理健康管理时效性

近几年，因心理问题引发的校园伤害事件频发促使越来越多的人关注学生的心理健康问题。伴随着管理目标的更新，学生的心理健康已经成为衡量人才培养质量的重要指标之一，因此要加强学生心理健康管理。但是由于各种条件的限制使得现有的心理健康管理显现出一些不足，例如，学生心理状态的时间和方式比较单一，大多是依靠量表和问卷进行的，不易发现学生的实际问题。心理教育大多采取统一进行思想教育的形式，缺少针对性，部分学生是产生问题之后才引起学校管理人员的注意，缺少管理主动性。大数据具有的全面性、快速性以及预测性等特点可以用于解决高职院校学生心理健康管理的部分困境，为优化管理提供新的路径。

针对高职院校学生心理健康管理存在的问题及其产生原因，大数据背景下优化高职院校心理健康管理需要满足以下三方面的需要。

第一，全面了解学生心理状态。在调查中发现心理健康管理存在严重的信息收集不全面的问题。在传统管理模式下，由于统计方法的限制，收集全部数据耗费过多，所以大多采用抽样法了解学生的情况，会存在一定的误差。而现代技术的发展使得在较短时间内收集和整理数据成为可能，将其应用到学生的心理健康管理方面可以监控全部学生的数据、了解全部学生的心理状态，使学生心理管理做到面向全部学生的管理。

第二，借助行为表现，了解学生的心理动态。心理体现的是人内在的心理状态和心理特征，具有内隐性，但却可通过行为表现出来，也就是说如果可以对学生行为进行较全面的监测是可以洞悉其心理变化的，通过行为了解学生心理要比直接进行心理测量更真实可靠、更具有操作性。

第三，设立预警机制进行预测并干预。预测作为大数据背景下的主要特性在商业领域已经发挥了巨大作用，探索大数据在高职院校学生心理管理中的预测应用，有助于调动管理的主动性，及时发现问题并及时进行干预，将

学生的心理问题消除在萌芽状态。

注入了大数据理念和技术的高职院校学生心理健康管理系统蕴含了安全运行监管机制、预警机制、应急响应机制以及风险管理等项目，具体的过程可分为完善心理数据收集体系、数据加工和处理、利用预警指标进行提示、干预和监控等四个部分。

第一部分：完善心理数据收集体系。根据学生心理的特点，采取心理测评和行为监控并行的方式；学生档案数据的引入可以便于了解学生的其他方面的情况，从而进行更为深入的心理分析；为防止对数据的过分依赖，增添了人工评价功能。具体的数据来源包括：用户管理、学生档案、心理测验、心理咨询、日常行为、人工评价。

第二部分：数据加工和处理。在这一过程中，主要是应用大数据技术对心理相关数据进行整理和处理。所收集到的大量数据首先可根据来源或者应用范围不同进行划分，建立用户数据库、档案数据库、咨询数据库、测试数据库、行为数据库、评价数据库。然后经过数据预处理、挖掘数据集合等过程显示分析结果，并进行结果评估和比较。

第三部分：利用预警指标进行提示。首先采取经验法与数据分析手段相结合的方法制定鉴别心理问题的指标和可能发展成为心理问题的预警指标。预警指标可以是单独数据的阈值，也可以是两个或者多个数据之间的相关值。之后根据不同的预警指标对不同的数据信息进行筛选，未达到预警指标的不予提示，超出预警指标的系统会自动提示管理人员并呈现该学生的个人信息以及数据处理结果。

第四部分：干预和监控。接到系统的提示之后，管理人员首先要核对该学生的信息和资料，若与系统提示的情况不符可根据实际情况进行调整。核对无误后需要与该学生进行沟，判断该学生是否确实可能产生心理上的问题，并根据学生的实际情况提供有针对性的帮助和干预，干预的效果以及学生的改善情况可以依据学生再次生成的大量数据进行评价，确保心理健康管理工作切实有效，能够为学生提供有针对性的帮助。

（六）提供个性化就业服务，提高就业管理质量

就业问题一直是国家和高职院校关注的重点，学生经过几年的学习能否顺利地找到一份满意的工作成为衡量高职院校教学质量的重要指标。我国的就业指导和管理工作起步较晚，在部分观念和手段上还有待提高，就业指导以授课形式为主，对学生的实际效用不明显，学生在就业时往往处在一种迷茫的状态，这些因素促使就业管理理念的更新和变革。信息化的

普及使个性化发展成为可能，通过学生在校期间学习生活数据的处理建立与学生个性相匹配的就业指导和职位推送，使每一份就业指导与职位推送都做到"私人定制"。

大数据背景下，高职院校就业管理优化的出发点有以下方面：

第一，就业信息更新的及时性。在调查中了解到大多数的高职院校在学校网站中建立了就业管理模块，但信息更新不及时，使得部分院校就业网的利用率较低。所以，大数据背景下优化就业管理工作首先要保证信息的广泛性和及时性。

第二，就业指导和职位推荐的针对性。个性化服务的理念在大数据的推动下更为突出，在就业管理过程中要根据学生所学专业、爱好以及近期检索的职位特征进行有针对性的就业指导和职位推荐，可降低时间成本，也可发挥信息资源的更大价值。

第三，就业过程的追踪性。现有的就业管理模式，学校大多是为学生提供招聘信息，对后续的参与和监管程度较低。大数据背景下的就业管理系统应促进学校、学生和企业三者在整个就业过程中的联结，学校既是监管者，也是受益者，应提高学校在就业过程的参与度。

以人为本管理理论提出的以人为本的出发点，结合现有高职院校就业管理的不足与大数据的特性，对大数据背景下就业管理流程进行优化，可分为四个部分，包括：信息管理、个性化服务、数据收集与处理、监督与反馈。

第一部分：信息管理。学生和用人单位通过注册登录进入就业管理系统，首先要录入相关的基本信息，待管理人员审核通过后即可在系统中查阅到对方的基本信息。用人单位所要发布用人信息需要另行提交，同样需要通过管理人员的审核才可以发布到该系统中。此外，在数字设备的帮助下，经过审核的数据资料分别收入到学生信息数据库、企业信息数据库以及用人信息数据库中，成为后期数据分析的材料。在这一过程中，管理人员主要的职责是监督和管理双方信息的真实性，为优质的就业奠定基础。

第二部分：个性化服务。利用云管理数据库汇集的学生个人数据（包括学生的专业、成绩、图书馆借阅信息、参与社团活动情况、网页浏览记录、个人用餐和进出寝室等信息），分析出学生的性格特点、专业技能、偏好活动方式、兴趣、爱好、特长等信息，对学生进行有针对性的就业指导，再结合学生的求职要求与用人单位的招聘需求及匹配程度为学生推送与之相对应的工作。这一部分主要通过数据深挖技术来提高高职院校就业管理的入职匹配程度。

第三部分：数据收集与处理。除了基本的信息搜集与管理外，还设有在线咨询、问卷调查、简历审核与入库等环节，促进学生与用人单位相互了解的同时可收集大量学生择业过程的相关数据资料，及时掌握学生的择业需求以及企业的关注点，为就业管理的改革提供依据。

第四部分：监督与反馈。监督管理是该流程的重要职能，不仅在审核信息方面，对面试过程也会相应的跟进，保障学生和用人单位利益的同时，可以掌握本校学生的就业情况。在管理过程中收入大量的数据，这些数据经过处理可应用到个性化就业指导和职位推荐中，也可以上传至云管理数据库成为其他管理的数据基础。

利用信息化进行个性化就业指导和职位推送要注意以下几点：第一，数据处理是为就业管理服务，必须密切联系学生实际情况。数据来源于学生，是辅助了解学生的一种手段，并不能代表学生的全部，在应用过程中要注意合理地利用数据，在发挥数据价值的同时，更要关注学生的实际情况。第二，要在实际工作中反复检验就业管理流程的功效，发现不足及时修改。快速准确的数据处理使应用者很快能察觉到系统和管理方式的优势与不足，在利用及时反馈特性管理学生的同时也不断地进行自我提高这才是大数据理念的真正渗入。

第三节 互联网视角下高职院校学生管理

一、互联网对学生学习和学生管理的影响

（一）"互联网+"对学生学习的影响

从关于"互联网+"对高职院校学生学习影响的调查结果显示，有43.8%的学生认为上网对学习成绩没有影响、31.2%的被调查学生则认为上网会导致学习成绩出现下降、而18.3%的被调查学生则认为上网可以对学习成绩有积极作用、5.7%的被调查学生认为上网对学习成绩的影响是有所提高、1%的被调查学生认为上网能够明显的提高成绩。从本次问卷调查的数据来看，被调查学生中有35.8%是完全可以对自己的上网时间进行控制，而超过半数，约57.2%被调查学生认为自己偶尔无法对上网时间进行控制。从上述这些数据可以看出，伴随着互联网影响的逐渐深入，高职院校的学生对自我管理、互联网以及学习三者之间的关系有着一定的关注力度，这就要求在学生管理过程中，应发挥互联网所具有的优势作用，合理的使用互联网，让互联网真正的成为推动学生全面发展的手段。本次调查中发现，被调查的高职院校学

生在搜索学习资料时，有 80.5% 的学生首先选择互联网。而这些被调查的学生选择在网上的信息主要有三种原因，第一，便捷。这一原因的被调查学生约占总调查人数的 68.6%；第二，网上资源丰富。持有该观点的学生约占 24.5%；第三，实时。有 4.2% 的学生持有该类观点。这些填写调查问卷的学生中在对是否接受网络教学方式时，所持有的两个不同观点的人数区别不是很大，约有 53.8% 的学生表示接受过网络教学，这些学生通常选择的网络教育方式有微课视频、慕课、网易公开课以及一对一的网络直播教学等，但是有 46.2% 的学生表示没有通过网络教学的方式学习。从两个数据的对比可以看出，高职院校的学生利用互联网学习的能力亟待加强。调查中发现学生通常只有学校要求的情况下才去网络教育中心，主动去学校网络教育中心的比率不高，仅占 30%，这一数据也说明了学生利用互联网进行学习的水平不高。

（二）"互联网 +"对学生管理的影响

伴随着计算机应用技术以及网络技术等诸多先进技术的发展，极大地拓宽了高职院校学生的视野，为学生学习、生活以及工作提供了越来越多的便利。但在"互联网 +"的利用中，这些先进技术的应用给高职院校的学生管理也带来了许多不利影响。一方面，由于部分学生不能正确处理学习与娱乐的关系，加之互联网所具有的开放性特点，给高职院校学生的身心健康带来了各种负面影响。对于高职院校学生本身的发展来说，如果长期沉迷于网络，其心理状态必然会受到不良信息的作用，严重的会对学生产生腐蚀和错误的引导作用。从调查情况来看，学生对自身网络生活中自我管理能力不强，其中只有 35.4% 的学生认为自身有着很强的自我管理能力，约 26.8% 的学生认为自身管理能力较弱。高职院校学生大多数都一直在学校生活，因而缺乏一定的社会生活经验，无论是思想还是行为方面，都缺乏自我保护方面的能力，在接触到互联网上存在的不良信息后，容易导致消极行为的出现，进而对自身的发展产生危害。除此以外，调查还显示学生为自己制定网络生活计划的比率很低，还不足 30%。另一方面，网络技术的发展对学生管理工作提出了新的挑战，传统的学生管理模式已经不适应互联网时代高职院校教育发展的要求。从调查的情况来看，学生在网络生活遇见困难时，和学生管理人员沟通的概率并不高，还不到 45.8%。与导师、辅导员或者班主任交流网络生活的人数和次数也较少。但是学生普遍认为辅导员或者班主任对自身的网络生活是有帮助的，比率超过了 70%，学生使用学校网络论坛的比率较高，也超过了 70%。"互联网 +"的快速发展也对高职院校的教学与管理工作产生了积极的影响，但是"互联网+"的迅速发展也会产生一定的负面影响。尤其是互联网技术的发展，使得包括西方自由化以及色情文化等在内的各类不良信息也会对高职院校的学生产生影响。高职院校在互联网应用广泛与深度不断发展的前提下，如何在"互联网+"的应用中避免这些不良信息的影响，是高职院校学生管理工作必须关注的内容。简而言之，如何因势利导，化弊为利，成为"互联网+"在高职院校学生管理优化中正视的问题。

二、互联网在高职院校学生管理上应用上存在的问题

（一）学校互联网应用效率亟待提高

从高职院校现有的情况来看，校内各部门的管理信息以及数据资源类型存在着一定的区别，来源也不统一，这种情况造成学校中一些本来可以共享的数据很难自由流通。与此同时，学校所应用的系统存在着不兼容的情况，表现为学生基本信息数据无法通用，需要工作人员在不同的管理平台上对一些数据进行重复录入。从目前高职院校实际情况来看，学校所提供的网络资源中动态管理水平较低，一些资源内容较为陈旧，无法和现有的学生专业学习情况进行有效地整合，导致学生学习时互联网的应用效率较低，影响了学生管理效率的提升。

高职院校校内网络论坛起步较晚，在发展过程中也没有得到学校的重视，使得网站设计以及网站更新等方面与校外的门户论坛相比，对学生的吸引力不大。从互联网技术与学生学习结合实际情况来看，高职院校虽然成立了网络教育中心，但发展的速度较慢。随着互联网技术的发展，学校在"互联网+"应用中必须完善校园网络制度，才能提高学生在学习上应用互联网的兴趣。

（二）互联网加深了学生管理工作的复杂化

从高职院校"互联网+"对学生管理影响的调查可以看出，伴随着网络的普及与移动互联网应用的发展，互联网加深了学生管理工作的复杂化，尤其是智能手机的应用，进一步加深了学生管理工作的难度，智能手机与台式电脑相比，几乎不受时空的限制，智能手机的使用更加便利，加剧了学生管理工作实施的难度。互联网的出现，使有的学生沉溺于虚拟世界，在网络上浪费大量的时间、精力以及情感。不合理的使用互联网的行为，使学生产生依赖网络的现象，给学生正常的生活与学习带来负面的影响。互联网中所含有的色情暴力以及欺诈等各类的不良信息，会对高职院校在校学生产生一定

的影响。学生过多地依赖互联网，导致户外活动与体育锻炼的时间减少，进而影响学生的身体素质。

网络空间与传统社会空间相比，在法律、道德、人际关系以及舆论等方面都存在着区别，网络空间的网民所从事的行为与传统社会相比，有较强的随意性。互联网的出现使得公众的"话语权"得到空前的普及，从这个层面出发，高职院校学生的自由意识以及自我意识也得到了凸显。如在某些突发事件出现时，学生甚至可能成为"现场直播者"，学生的这种直播行为会通过互联网的作用而快速地扩散，甚至出现演化，这就使得高职院校的舆论主导权受到一定的干扰。简而言之，互联网加深了学生管理工作的复杂化。

（三）网络环境对学生管理工作的影响

1.网络的交互性拓宽了学生工作的管理方式

网络的交互性指的是在网络的传播过程中，受众和传播者之间或者受众与受众之间能够在一定程度上实现双向交流。网络所具有的交互功能，给人们提供了方便沟通的渠道，这类沟通渠道有着多样化与容量大的特点，网络的交互性不但能够同步，还可以实现异步交互，这也是网络与传统媒体相比所具有的特殊性。以异步交互为例，当对方不在线的情况下，可以给对方发送邮件以及传送文件等，对方可以在某个时间对这些内容给予答复，常见的这类软件有博客、微博、QQ以及微信等。网络所具有的交互性对于参与者具有很大的意义。从高职院校学生的层面来说，学生会主动地参与到传播过程中，发表自己的想法，学生还可以将一些信息或者视频等放在网络上进行传播。作为高职院校的学生，也比较倾向于通过互联网这一虚拟的媒介来展示自己。网络环境所提供的交互性功能进一步拓宽了高职院校学生人际交往与学习的途径，这也就使得学校的学生管理工作也应用网络化动员与组织方式。比如，在学生管理工作中，可以选择网络社区，微信群以及QQ群等发布班级通知和学校通知，学生还可以通过在网络社区发帖、留言等来进行互动等。

2.网络的平等性使老师的权威性受到挑战

互联网所具有的交互性功能使得学生可以通过网络进行随意的沟通与交流，摆脱了传统的受时间和空间限制的交流方式。如大家可以通过网络分享消息，还可以发布一些活动等。比如在QQ群里，一张图片被发表后，凡是看到这个图片的人都可以"收藏""转发"，并且还可以转发到个人空间上，通过个人空间还可以实现共享等，使得图片在网络间无限的被传播；再比如百度论坛，在论坛中网民们基本上是平等的。学生管理者在网络校园文化中所具有的主导地位因为互联网的出现而下降。网络所具有的平等性、交互性以及共享性等给线下的学生管理者与被管理者都带来了巨大的影响，学生和管理者甚至可以在网络上用匿名进行聊天，老师和学生都可以在网上和生活中展示自己，这种展示进一步挑战了老师和学生之间的传统交往模式。

3. 网络的不良信息增加了学生管理工作的难度和复杂性

网络的出现有着正负两方面的双重作用。从学生管理的层面来说，互联网的应用增加了学生管理工作的难度与复杂性。互联网的出现，导致网络与高职院校学生的学习与生活之间的联系越来越紧密，互联网中所存在的一些负面影响必然会给高职院校的学生管理带来新的挑战。不良信息伴随着互联网技术的发展变得更加复杂，且不断地拓宽涉及的领域，形式也更加多样化，且具有一定的隐蔽性和欺骗性，如除了常见的各类色情类的图片以及不良视频等诸多表现方式外，还会以诈骗信息等各类违反道德法律的内容作为表现方式，进而对高职院校学生产生一定的负面影响，这些都给学生管理工作带来了一定的困难。高职院校学生从网络上除了取得专业知识等正面的信息外，也会同时面临打游戏以及浏览不良网站等不良行为，这些都是高职院校在现有的学生管理中应面临的实际问题。

三、互联网视角下高职院校学生管理优化策略

（一）营造学生管理"互联网＋"应用氛围

1. 强化学生管理者的管理意识

"互联网＋"在高职院校学生管理中能否发挥自身所具有的优势作用，与学生管理者的管理意识有着必然的联系。"互联网＋"视角下的高职院校学生管理优化，需要管理者树立平等的沟通理念，要求学校的管理者、教师以及其他工作人员应全员参与，除此以外还应树立发展的理念。对于学生管理工作者来说，与学生进行网络沟通并不是非常容易实施的，网络所具有的特殊性，决定了网络使用主体的平等性，进而也决定了学生管理者应从平等地位的层面出发与学生进行对话与沟通。学生管理工作不仅仅是班主任教师或者辅导员的工作内容，学校的管理者与其他教师，甚至其他工作人员也应担负起相关的责任，这是因为学校的不同工作人员在学生管理工作中扮演的角色是有区别的，其所从事的工作内容与学生管理工作之间的联系也存在区别。除此以外，还要树立发展理念。互联网以及与此相关的技术在"互联网＋"视角下是不断发展变化的，这就要求学生管理者在对学生进行管理的过程中应用发展的眼光看待问题，不断地优化管理策略。

2. 创建积极向上、主题鲜明的校园网络文化

校园网络文化是校园文化在网络环境下所产生的文化形态。在互联网对高职院校影响逐渐深入的环境氛围下，如何创建积极向上与主题鲜明的校园网络文化，也是"互联网+"视角下优化高职院校学生管理必须关注的重要问题。高职院校学生的日常生活、学习以及娱乐等都与互联网有着密切的联系，在校园文化建设过程中，互联网所具有的影响也越来越广泛，表现为高职院校现有的各类社团互动以及校园文化都变得丰富多彩。校园文化作为公共组织文化之一，在"互联网+"的视角下必然要进行完善，这就需要学生管理工作者确定校园网络文化目标，有计划、有步骤的推动校园网络文化的建设与发展。具体的做法可以根据实际情况灵活的确定对策，如可以通过校园网建设来树立本校学生管理部门的良好形象，通过校园网论坛管理员以及其他学生网络团体来创造和谐、团结、心情舒畅的网络校园环境氛围，即通过校园网络创造高效的学生管理工作氛围，实现高职院校发展与学生发展的双赢。

3. 加大对校园网技术层面的投入

"互联网+"视角下高职院校学生管理的优化离不开技术的支持。从高职院校的情况来看，工作的重点应是加大对校园网技术层面的投入。网络技术的快速发展与"互联网+"应用之间有着密切的联系，网络技术的发展必然会对高职院校的校园网的硬件设施提出更高的要求，从这个层面出发，高职院校应根据学校的自身实际情况，从不断满足高职院校学生对网络文化需求的层面出发，加大对校园网技术层面的投入。高职院校应以校园网现有的情况为基础，加大对学生管理的力度，在校园网络建设方面应贯彻学生管理的全过程，简单地说，学校应将学生管理纳入校园信息化管理中，进而发挥"互联网+"在高职院校学生管理中所具有的优势。对校园网技术层面的投入除了硬件方面以外，还应完善与学生管理相关的管理技术，加大对管理技术的培训，如在加强与学生网络交流互动的同时，也应加大学校信息资源利用效果，通过培训的方式引导学生管理工作的参与者们有效地发挥校园网的作用，帮助学生形成积极良好的网络应用理念与行为习惯，从根本上提高学生管理工作的有效性。

（二）推进学生管理的科学化

学生管理的科学化是高职院校学生管理工作中一直贯彻的要求。"互联网+"视角下的高职院校学生管理给学生管理的科学化增添了新的内容，也就是说，在具体的学生管理工作中，应结合现有的网络技术和网络应用情况，以

高职院校学生管理中存在的问题为基础，优化学生管理工作的体制与相关机制，简单说，就是从"互联网＋"的层面出发，进一步推动学生管理科学化的发展。

1.学生上网目标与结果管理的规范化

"互联网＋"视角下学生管理的规范化必然不同于传统的学生管理规范化。对于高职院校来说，需要结合"互联网＋"视角下学生管理科学化的内容，来对学生管理实施规范化，其重点是学生上网目标与结果管理的规范化。具体说来，应以现有的法律、法规以及规章制度为基础，结合政策引导、舆论宣传等多种不同的方式来引导学生的网络生活，进而推动学生的健康发展，发挥网络技术发展在高职学生个人成长与教育方面所具有的积极作用。进一步调整现有的规章制度与"互联网＋"应用不符的相关内容，进而通过制度规范化的方式来实现分工协作，推进"互联网＋"视角下学生管理工作的开展。

2.学生上网目标与结果管理的精细化

"互联网＋"视角下的学生上网目标与结果管理的精细化，是以高职院校现有的"互联网＋"对学生学习与学生管理的影响为基础的，其强调的是针对该校现有的互联网层面的学生管理工作中存在的突出问题而采用相应的解决对策，结合互联网所具有的优势，全面提升学校对学生的管理水平。充分利用"互联网＋"在现有学生管理工作中所具有的优势，进一步细化学生的管理工作，例如，高职院校的学生多数喜欢在网络上"吐槽""晒心情"、玩游戏等，在具体的学生管理中，应以这些实际情况为基础，通过设置网络观察员的方式来关注学生的网络生活。网络观察员可以通过网络社区、论坛、QQ以及微信等不同的方式来了解学生的网络生活，第一时间追踪学生的思想动态与行为方式，能够及时地对学生进行有效管理，推动学生管理工作的精细化。

3.学生上网目标与结果管理的个性化

"互联网＋"视角下的高职院校学生管理优化还应关注到学生上网目标与结果管理的个性化，学生管理的个性化也是学生管理科学化的内容之一。学生的管理工作应始终贯彻人本管理的理念，凸显高职院校学生的个性，从互联网应用层面来推动学生的全面发展。人本管理理念强调的是"互联网＋"视角下的人本管理理念，也就是说应关注互联网自身所具有的特殊性的人本管理，如互联网的交互性。高职院校在推动"互联网＋"视角下的学生管理工作时应全面贯彻人本管理。首先，要发挥互联网在学生专业学习方面的优势，应以学生在专业学习的现有情况为基础，关注学生在专业学习中面临的共性问题与个性问题，通过互联网技术的应用来提升学生的学术水平和工作能力，使学生成长为复合型人才，推动学生全面发展。其次应积极发挥本校学生骨干在网络中所具有的作用，如可以通过论坛版主以及群主等方式来发挥互联网技术在学生管理中的有利作用，通过学生骨干所具有的带头作用来进一步提高学生管理的工作水平，学生骨干由于和学生联系较为紧密，且在经历等方面有着较为共同的体会，因而能够在网络生活中起到良好的带头作用。另外，学生管理工作者还要多借助 QQ、E-mail、微信等先进通信手段与学生加强交流，对发现的问题采取有针对性的解决对策，关注学生的个性化发展，推动学生的全面发展。

（三）提升队伍的整体素质，提高互联网应用效率

1. 提高管理队伍主动获取信息的能力

作为学生管理工作的主导者，正确的理解网络社会所存在的人际互动规律，熟悉网络相关的技术操作，紧跟互联网技术的发展，在网上和学生不但能平等相处又能维护自身的尊严，真正有效地将互联网作为管理工作的工具和手段，是一个学生管理工作者应具备的基本素质与能力。目前高职院校的学生管理工作所采用的最多的方式是发布公共信息和通知，除此以外，通过学校主页来对学生进行管理也是经常采用的方式之一。"互联网 +"视角下高职院校学生管理工作的优化，要求管理队伍应加强获取信息的能力，也就是说学生管理者不仅要获取学生网络生活与网络学习等方面的信息，还要获取学生管理工作人员相关的信息，只有这样才能有针对性地对学生管理中所面临的各种情况进行细致的分析，进而为学生管理水平的提高奠定基础。简而言之，高职院校应通过培训或者会议交流等诸多途径的应用来不断提高管理队伍在主动获取信息方面的能力，提高管理队伍获取信息的工作质量。

2. 强化对管理队伍的培训

建立选拔制度，提升"互联网 +"高职院校学生管理队伍的业务能力。高职院校要有优化学生管理队伍的业务能力，对与"互联网 +"应用相关的业务能力进行重点培养，通过选拔任用制度的实施，提高学生管理队伍对互联网的重视程度和使用程度。如在招聘人才时，要求选取具备将互联网相关优势应用到学生管理中的专业人才，同时也应关注其是否具备相应的互联网应用能力，从根本上提高学生管理队伍的整体素质；定期组织互联网方面的培训，提升学生管理队伍对互联网的应用能力，还可以采用"请进来，走出去"的方法，引进学习先进的互联网应用管理经验，从动态的层面出发来持续强化管理队伍工作能力。

3. 制定行之有效地奖惩制度

在学生管理工作的考核与激励中引入"互联网+"的相关内容。客观上需要政策制度上和活动组织上两手都要硬,强化"互联网+"层面对学生管理工作人员工作绩效的影响,具体的方式是把"互联网+"相关工作内容纳入考核制度与激励制度中。修订原有教学考核办法中与"互联网+"视角下学生管理工作实际需求不符的地方,加大全员管理在"互联网+"视角下高职院校学生管理过程中开展学生管理工作的考核权重,将互联网时代所具有的实际影响与学生综合素质提升进行有效地结合。具体的奖惩制度所涉及的主体包括学校管理者、班主任、任课教师以及辅导员等于学生管理工作相关的人员,提升这些人员在从事学生管理工作中对互联网相关内容的关注。具体的可以以德育学分制、诚信档案建设等形式为抓手,把学生在校期间的网络学习以及网络相关的其他表现纳入学生的学分考核并和学生的毕业挂钩,要求高职院校的学生应修够规定的网络德育学分,才能毕业。逐步引导学生加强网络在实际学习生活中所具有的积极作用,避免学生忽视网络在实际学习生活中所具有的推动作用,积极主动地配合学校的学生管理工作,从根本上推动学生的全面发展。

(四)加强学生自我教育和自我管理

1. 加强学生的自我教育

"互联网+"视角下的高职院校学生的自我教育的首要基础是教育者应先接受教育。对于高职院校的学生管理来说,学生管理工作人员只有自己对"互联网+"视角下的种种情况形成理性认识以后,才能有针对性的解决学生们在互联网影响下所产生的诸多学生管理方面的问题。其次,应严格贯彻学生管理工作者与学生两者所具有的平等地位,这是由互联网应用所具有的特殊性决定的。管理者和学生处在平等的地位,是互联网本身发展的要求,也是学生管理中人本管理、民主管理以及无边界管理发展的必然选择。对于现有的高职院校学生管理来说,管理者与学生处在平等的地位是对高职院校学生主体意识的重视,也是高职院校教育向自我教育转变的基础。同时,还应关注自我教育内容所具有的时效性。互联网在应用过程中有着传播速度快且发展变化快速快等方面的特点,这些特点决定了在学生管理过程中,应提高对时效性的关注,把握好网络热点问题对学生自我教育的影响,利用互联网所提供的素材,提高高职学生分析问题以及解决自身所面临实际问题的能力,进而推动学生自我教育水平的提高。比如对于当前网络上出现的一些拜金主义行为,有的学生受到这些消息的刺激,在网络上进行人身攻击,造成较大的舆论影响。网络舆论会对人带来较大的影响，高职院校学生作为有知识、有素质的群体，不应该对这些消息进行盲目地传播和随意评论，而应该要学会去分析。除此以外，学生管理者还应在学生自我教育方式方法等方面进行引导。如可以利用与互联网联系密切的正反两方面的案例进行教育，进而引导学生提高自我教育的能力，推动学生的全面发展。

2. 加强学生的自我管理

高职学生身心发展的阶段决定了对这些学生的关心应与中学生管理存在一定的区别，这种区别主要表现为学生管理人员不需要对高职院校的学生实施全方位的管理，更不需要通过家长协助的方式来进行管理，而是针对自身学校学生的实际情况，在对学生学习生活了解的基础上逐步提高学生的自我管理能力。"互联网+"视角下高职院校的学生管理也需要实现对学生的自我管理，引导学生自我成长。高职院校的大多数学生对网络社区有着较高的参与度，学生管理工作中可以利用这个特点，引导学生参与到学校的网络社区中，在交流学习、兴趣以及浏览信息等活动中，增进学生彼此间的感情。学生管理者在鼓励学生参与网络社区生活时，还应关注对学生网络生活的引导，避免学生在网络社区活动中存在无组织和无纪律等方面的行为，引导学生加强自身的自律性，避免学生在网络生活中生"随心所欲"，进而实现学生管理的管理目标。

学生管理工作人员可以通过培养网络社区管理员的方式来加强对学生的管理，如在班级群中设置管理员，管理员也可以通过学生自荐或者学生选举产生，通过网络学生领袖的方式来提高学生自我管理的能力。与此类似的还有校园论坛的版主等。论坛的版主负责管理网络社区的相关事务、对论坛成员的发言内容进行审核，以及发布一些公共信息等。这些网络学生领袖的存在，不但可以推动学生利用互联网水平的提高，通过还可以成为学生和学生管理工作人员之间的桥梁，进而实现学生和学校两者的双赢。

第四节 "微时代"下高职院校学生管理工作

"微时代"下，微博、微信等微媒体丰富的资源信息及便捷的交流方式，正潜移默化地影响着大学生。

一、"微时代"及其对高职院校学生管理工作的影响

在传统的管理模式下，高职院校对学生的管理更多地依赖于多年来形成

的规章制度和管理工作人员的个人经验和能力。"微时代"的到来给学生管理工作带来了机遇和挑战，传统的经验主义管理模式已然不符合高职学生发展的需求，管理者应利用微时代带来的机遇，借助微媒体平台，接近、了解、引导学生，并为学生提供民主、平等、和谐的环境，奠定学生的主体地位，践行以学生为本的管理理念。

（一）"微时代"下高职院校学生管理工作面临的机遇

1.丰富了学生管理工作者的方法和手段

"微时代"下，很多高职院校的校园网络已基本或是正在努力实现教学区和生活区的全面覆盖。许多高职院校学生管理工作者从工作实际出发，利用尝试建立班级、院系、院校等不同层次的微博、微信、QQ 等微媒体平台，并把它们作为开展思想教育、学习教育和日常管理等工作的新阵地，旨在创新工作方法和手段，实现高职院校学生管理方式的信息化、网络化，提高工作的时效性，增强其在学生中间的影响力和辐射力。如通过微博、微信等平台发布各种资讯：校园新闻、专业特色、人才培养、招生就业、师生风采、评先评优、助学贷款、学费缴纳、重要通知等，这使得微媒体平台成为校园内学生与学生、学生与教师、学生与学校沟通和交流的一道窗口，拓展了学生管理工作的崭新平台。

2.增强了学生管理工作的改革动力

"微时代"下，随着微信、微博等微媒体的渗透扩散，特别是在学生中的普及，其内容五花八门，信息传播速度极快、范围极广，以排山倒海之势来到学生中间，对学生的价值理念、行为方式等各方面都带来了巨大的影响，也给高职院校学生管理工作带来了巨大冲击，迫使管理者不得不进行改革。高职院校应顺应新的时代要求，充分利用微媒体平台，改变传统的管理渠道，将管理思想、管理理念、管理内容通过微媒体在学生管理工作中加以实践，改变长期以来学生管理工作中只有"看得见的管理载体"才能实现有效管理的错误认识。"微时代"下，管理者运用微博、微信等微媒体参与学生管理工作，较之传统媒体显示出独特优势。一是微媒体突破了传统媒体的单向性，向多维度、多侧面转变。二是微媒体信息资源丰富、形式多元化、互动性强等，这些优势可用于创新学生管理工作模式，丰富管理方式和管理内容，增强了改革的动力。"微时代"下，高职院校学生管理工作面对学生、家长、社会等多方面的关注，不得不进行改革来适应"微时代"的发展脚步。

3.激发了学生主体参与管理的积极性

"微时代"下，微博、微信等微媒体为学生展示个性、表达自我、了解社会、参与实践提供了更好地平台，也使学生更加注重个人权利，要求民主。微博、微信等微媒体为学生加入校园文化建设、实行自我管理提供了宽广的舞台。随着"微时代"的快速发展，其开放、平等、民主的环境，激发了大学生参与管理的积极性。如今在微博、微信等这些平台中，到处可见到大学生参与实践、参与社会尤其是参与管理的身影。如：学生常常通过微博或者微信来发表希望享受更多的教育、管理、服务的权利，包括平等接受教育的权利、参与学校管理的权利、获得正确评价的权利、享受良好教育和生活环境的权利等，并对学校在教育、管理、服务的过程中存在的不满提出意见和建议，受到了管理者的高度重视。因此，校园微媒体平台的建设是加强和保障大学生主体地位，并参与到校园文化建设、学生自我管理、学校重要决策等的重要途径。

（二）"微时代"下高职院校学生管理工作面临的挑战

1.学生工作管理理念需要更新

传统的学生管理仍然是以学校制定的管理措施为标杆，制定的学生管理工作制度很少征求学生意见，即使有，对学生的建议也很少进行整理、反馈、修正，因此存在一定的片面性。且管理者往往站在的校方角度去看待和处理学生问题，很少把学生摆在第一主体地位，从学生的实际出发，以学生为本的管理理念难以贯彻到位。随着"微时代"的到来，一些高职院校管理者已经运用诸如微博、微信、QQ 群等微媒体方式开展学生工作，但是他们往往只是在形式上稍微有所变化，工作理念并没有与时俱进，且工作方式手段仍旧单一、管理无创新、利用微媒体管理空间依然存在局限、收效甚微，学生作为被管理者依然处于从属地位，影响了学生的主动性、自觉性和创造性。如今，微媒体已成为大学生交流互动、学习和生活的主要方式，如不更新管理理念，树立师生平等意识，重视学生的主体性地位，极其容易导致"穿新鞋，走老路"的现象。

2.学生工作管理方式需要多样化

传统的管理模式是以"上至下派"为主，"微时代"下，微博、微信等微媒体传播方式具有快捷易互交、多元、开放的特点，这给传统高职院校学生管理方式带来了新的挑战，首先，传统的学生管理一般是垂直、单一的由上而下方式，而微媒体广泛存在于学生的学习、生活、交友、购物等领域中；其次，传统的学生管理自上而下的方式缓慢耗时，而微媒体可以多维度、多视角、多时空进行信息的传播；第三，传统学生管理中，学生的主动性差、被动性明显，而微媒体传播提供了较强的交互性功能，这些都为高职院校学生管理工作方式创新多样化的管理模式创造了条件。"微时代"下，微媒体潮流下的在校学生对制度化、民主化、服务型的学生管理模式的需求日益增强，学生管理工作者应逐渐转变思想，更新观念，创新多样化的管理模式，为在校学生的全面发展创造一个广阔的平台和空间而服务。

3. 学生工作管理内容更加复杂

"微时代"下，加强对学生的舆情引导是学生管理工作中的重要内容，而舆情引导又是一项非常复杂的工程。"微时代"下，信息传播出去之后，就会得到迅速关注和转发，并在很短的时间内形成舆论，极易在学生群体中间造成广泛影响，甚至成为引发校园安全事件的导火索。目前，大学生通过微博、微信、QQ 等媒体平台产生的校园舆情言论主要有以下几个类型：参与国内外重大社会热点问题的言论；关于学校办学形象及声誉的言论；对于学校的教学教改、管理服务、基础设施建设等相关工作的意见建议及其他学生权益类的言论；突发校园公共安全事件等。"微时代"以迅猛之势到来，面对复杂的局面，高职院校还应建立健全对微媒体使用的监督管理机制，积极引导校园舆论，为学校的健康、和谐、有序发展提供更好地保障。

4. 学生工作管理队伍建设需要加强

"微时代"的到来给高职院校学生管理工作者带来了诸多便利，微媒体已然成为高职院校学生管理工作的新领域、新阵地，但是由于微媒体技术存在一定的复杂性，对管理者素质和能力提出了更高的要求。而目前情况下，学生管理工作的队伍的微媒体的技术能力和使用素养却仍然良莠不齐，需要进一步加强建设。在校园中，无论是使用数量还是运用微媒体的能力，学生都比学生管理工作者要多要强。且微媒体技术更新升级的速度极快，无形中加大了高职院校学生管理工作者的工作难度，如，当微博在学生中盛行时，许多管理者才意识到可以利用微博对学生进行管理；当管理者已熟悉并充分利用微博加入学生管理时，学生已经开始使用微信等新微媒体技术。而且，学生管理工作者中对微博、微信等新兴微媒体的了解程度也参差不齐，如，有的较年长的管理者完全不了解微博、微信等微媒体信息传播方式，遇上临时突发事件，无法快速及时了解事件发展动态，从而错过了采取正确的应对措施的时机；年轻的管理者又缺乏有效管理的经验及与学生沟通互动的技巧，且发布的信息也缺乏吸引力，难以激发学生参与的积极性。

"微时代"为高职院校学生管理工作带来了机遇，为及时有效地解决高职院校学生管理工作的突出问题创造了新的条件，丰富了学生管理工作者的方法和手段、激发了学生主体参与管理的积极性、增强了学生管理工作的改革动力；另一方面，"微时代"的到来也为高职院校学生管理工作到来了巨大的压力，特别是在管理理念、管理方式、管理内容、管理队伍等方面提出了新的挑战。总的来说，高职院校学生管理工作应该充分发挥"微时代"的积极作用，推进微媒体与高职院校学生管理工作的有机结合，为高职院校学生管理工作实现科学化、信息化、现代化创造条件。

二、"微时代"下学生管理工作中存在的问题

"微时代"下，通过运用微博、微信等微媒体，在传统的学生管理工作的基础上有了较好的发展，在学生工作的理念、方式方法、内容上有所创新，也取得了一些成效，但是在微媒体平台中的管理、运用中还存在一些问题和不足，主要体现在以下几个方面。

（一）管理平台定位不明确

"微时代"下，随着微媒体的普及，虽然学校、院系、学生组织等层面有了自己的微博、微信平台，但是缺乏统一的学生管理工作平台，且这些平台在应用中由于定位不准确等原因而没有受到学生的广泛关注，因而在学生管理工作中的应用效果也不明显。第一，定位内容比较狭窄，有些平台仅仅侧重于学生管理工作的某一个方面，如以招生、就业为主题的官方微信公众号等，这些平台设计定位的受众群体只是学生中的一部分群体，难以发挥其在全体学生中的影响力。第二，定位姿态比较高，有些平台较官方，如学院官方微博平台，推送和发布的信息语境较官方，缺少与学生平等自由交流的环境，难以发挥微媒体的互动性作用；第三，定位角色比较模糊，有些平台只是信息的简单重复，如发布的内容许多都是重复的，在自己平台内容的构建上缺少了清晰的定位，且对于平台中的受众群体的需求把握不到位，难以发挥微媒体在学生管理工作中的作用。

（二）管理队伍水平有待提升

目前，很少有高职院校安排运用微媒体开展学生管理工作的机构和专职人员，运用微时代进行高职院校学生工作的管理队伍还未成型。大多数高职院校也主要是依靠学工处、院团委、保卫处、后勤处、各院系学工办、辅导员、班主任和学生团体组织等成员来担当此项工作。这些管理者对于微媒体使用技术、现代传播理论以及信息网络技术等缺乏系统的认识，在一定程度上限制了微媒体平台应有功能的充分发挥。如，他们之中有些不会使用微博、微信等微媒体，无法快速及时地了解学生的思想动态及关注的热点话题等，从而失去了学生管理工作的一块重要阵地；有的甚至对"微时代"抱有抵触

心理，他们只关注微媒体给学生带来的消极影响，如使学生产生过度迷恋和依赖、冲击了学生的正确观念等，因而对微媒体的使用持有先入为主的偏见，不能适应"微时代"新的学生管理工作特点；有的缺乏微媒体平台的管理和沟通技巧，且内容缺乏吸引力，难以得到学生的支持和响应，在一定程度上影响了学生管理工作开展的效果。随着"微时代"的不断发展，学生管理工作者应顺应时代发展的潮流，以积极的态度认识微媒体，通过学习相关知识不断提升使用微媒体技术的能力和素养，积极探索创新高职院校学生管理工作的新方法、新路径，把新时代背景下大学生的学生管理工作推向新的高度。

（三）管理内容缺乏创新

"微时代"下，虽然有很多学生管理工作者能够设计运用微媒体开展工作，但是由于技术能力不强、时间精力有限、资金投入不足等原因致使在所运行的平台中展示的内容较为简单，枯燥无味，且更新的速度较慢，难以满足学生的实际需求，导致访问量低下，学生关注度不高。如，各院系学生会组织虽然都开通了微博平台，但是内容陈旧且更新较慢，学生关注人数较少，没有普及到全系师生中来；有的板块设计较少，比较单调，且发布的内容主要以大篇章文字为主，阅读耗时费劲，枯燥无味，难以吸引学生的注意力；有的自注册以后便只有只字片语，彻底沉默了，更谈不上内容的创新；有的只是将学校新闻简单地复制粘贴，很少有新的内容，且缺少互动，流失了许多"粉丝"。另外，虽然辅导员、班主任等学生管理工作的老师也纷纷加入学生QQ群、微信群等形式来进行学生管理工作创新，有些任课教师也加入学生的微媒体平台，但是不论是学生管理工作人员还是任课教师在其中活跃度不高，发布的内容除了简单的师生间的问候语之外，更多的只是发布一些文件通知、处理班级事务、简单的学生答疑等，没有达到学生管理工作更好开展的目的。

（四）管理方式比较松散

虽然学校已经意识到微媒体的重要作用，也在实践中不断地改进工作方法，但是对于微媒体的运用，仍然缺乏统一的规划，管理方式也比较松散。如，有些微信公众号发出来的信息不精准，出现了主题模糊无界、内容杂乱无序、质量良莠不齐等现象；有的对学生反馈的信息收集、整理不及时，只发挥了传播信息的功能，没有很好的实现交流、管理、服务的功用；还有一些平台属于学生们的自发自愿行为，缺乏组织性，且缺少统一的规划和管理，使得学生管理工作者难以充分利用并实现管理功能。为了持续发挥微媒体在学生管理中的作用，需要学校投入大量的人力、物力、财力对校园各类微媒体进行长期管理、维护，而这个过程难以在短时间内实现，这也是目前难以实现统一规划管理的重要原因。归根结底，管理方式松散主要是因为学校缺乏全方位性的统筹规划，且所运用的微媒体不能构建成一个相互补充、相互融合的体系。

三、"微时代"下高职院校学生管理工作的创新措施

面对新的时代背景，高职院校学生管理工作可从转变学生工作管理理念、优化学生工作管理队伍、健全学生工作管理平台、丰富学生工作管理方式四个方面来积极探索高职院校学生管理工作的创新措施，不断增强学生管理工作的创造力、号召力和影响力。

（一）实施"微管理"，转变和创新学生工作管理理念

1.实施学生管理工作思维的转型

"微时代"下，随着微媒体在校园内的普及，学生管理工作者可以将借助微媒体平台作为新的学生管理工作的阵地和载体，使学生管理工作不断实现现代化和科学化，从而提高工作效率，这就需要学生管理工作者进行思维的转型。

首先，学生管理工作者应该从思想上重视微媒体平台所具备的潜在管理功能。"微时代"下，随着微博、微信等微媒体在大学生中的普及，管理者如果能运用这些平台作为和学生互动及管理的新的方式和途径，就能很好地融入学生的学习、生活中去，就有可能发挥潜在的管理功能。这就需要学生管理工作者转变思维，不对微媒体抱有偏见，且要正确认识微媒体、认真研究微媒体、大胆使用微媒体。

其次，管理思维可尝试由现实管理向虚拟管理转型。与学生进行面对面的交流是管理者普遍采用的方式，他们认为这种方式能较好地实现对学生的管理。但是在微时代，这种方式可能并不为学生们所普遍接受，甚至容易使部分学生产生厌倦，因此，应该将这种思维向虚拟管理转型，重视并尝试通过以学生喜闻乐见的虚拟微媒体平台实施宣传、交流、管理、服务等功能。

再次，积极转变管理理念。把握"微时代"带来的机遇，树立"以生为本"的理念，打造民主和谐的校园环境、构建科学完善的学生管理制度、重视学生的主体性地位，使管理更加的科学化、民主化和正规化，从而实现学生的全面发展。

最后，学校也应适应潮流，转变学生管理工作思维，适应新环境、新要求，实施微时代微管理，将微媒体平台纳入学校整体学生管理工作战略之中，加大资金和技术的投入，并谋求可持续发展的创新之路，为推进高职院校学生管理工作健康、有序的发展奠定坚实的基础。

2.重视微媒体使用的价值引导

大学阶段是学生形成正确的价值观、世界观、人生观的重要阶段，而与各种复杂信息的接触，容易对大学生的思想观念和道德认知造成不良影响，甚至出现理想信念不坚定、价值观混乱等问题，如果不能及时地加以正确引导，就可能造成难以弥补的遗憾。"微时代"既有利于学生更新思想观念，又容易使他们受到不良信息的误导，影响他们正确观念的形成。但是，如果能引导学生正确使用微媒体，使他们具有良好的微媒体使用素养，就能使他们批判性、选择性的利用微媒体平台中的资源，从而抵制不良信息，促进学生自身的全面发展。首先，高职院校可尝试开设微博、微信等微媒体使用技术的培训班或选修课，向学生传授微媒体的基本知识和主要用途，使他们了解微媒体的传播途径方式，提高对微媒体信息的独立思考、理解和批判性选择的能力，远离微媒体的不良环境，强化学生微媒体使用的道德意识和法制观念；其次，指导和鼓励学生尝试参加微媒体实践活动，提高微媒体使用技能。如，制作微视频、微电影、举办微公益校园活动项目等。

（二）打造"微队伍"，推进和优化学生工作管理队伍

1.建立"四位一体"的学生工作管理队伍

"微时代"下，可尝试利用微媒体平台的便捷、快速、易互交的特性建立辅导员、教师、学生干部、家长"四位一体"的学生工作管理队伍。辅导员、教师、学生干部、家长不仅要在学生管理工作中发挥好各自的作用，相互之间还要加强配合、加强交流、优势互补、协调一致，从而实现"1+1+1+1>4"的效果，最大力度的发挥"四位一体"学生工作管理队伍的功用。

首先，辅导员方面。辅导员是学生思想政治工作和日常管理的骨干力量，是学生健康成长的指导者和引路人，他们的主要职责是负责学生思想政治教育工作、学生党团、班级工作、学生学业、就业、交友、心理指导咨询工作、学生宿舍管理、奖助困补、安全维稳等工作，在大学校园中与学生接触最多、关系最为密切，学生对他们的依赖程度比较高。辅导员所带学生比例一般不低于1∶200，工作量大，任务较重。"微时代"下，辅导员可以利用微媒体平台提高工作效率，扩大学生受众面，如，利用班级微信、微博、QQ等微媒体

准确的传达信息，巧妙的描述事件，积极的交流互动，有序的管理引导，以达到更好地服务学生的目的。

其次，教师方面。可从已有校园资源入手，一是加强对学生管理工作相关部门，如学校学工处、保卫处、招生就业处、后勤处、团委、各（院）系学工办、班主任等教师的培训，提升他们使用微媒体的能力，鼓励他们利用微媒体平台开展工作，在开展工作中他们既要维护好部门或个人的微媒体平台，又要关注和参与学生媒体平台中去，才能达到较好的管理效果。如，通过微博"互粉"、微信或QQ交流与学生交朋友，既能增进师生感情，又能及时了解学生动态；或是利用自己的微媒体平台在学生中传递正能量，引导学生树立正确的三观。二是专业教师，专业老师也可以通过微博、微信、微课程等学生所喜闻乐见的方式来组织课堂，并积极地与学生在学习上交流互动，甚至可将课堂延伸到课堂之外、课余时间，以增强学生学习的积极性，巩固教学效果。

再次，学生干部方面。除了学生会、团总支、社团联合会、青年志愿者等学生组织的学生干部之外，还可以组建一支作风好、纪律强、技术强的学生干部队伍深入到学生中间，积极转发传播学校官方信息，及时关注学生中的舆情动态，传递正能量，发挥学生朋辈相互影响的积极作用。如，组建由学生干部"微"团队，专门从事微电影、微故事、微公益、微访谈等"微"素材的制作，并发布到学生中的微媒体平台上，以达到教育管理的目的。

最后，学生家长方面。随着"微时代"的到来，越来越多的家长也使用微博、微信、QQ等微媒体，这就为教师、学生、家长三方互动、共同关注学生的成长提供了更好地平台。如，教师可将学生在校园学习、生活、心理等情况通过微媒体平台向家长反馈，特别是部分重点关注的学生对象，这样家长就不受限于时间、空间，能及时了解学生的最新动态。

为了更好地发挥"四位一体"的学生工作管理队伍的作用，学校也可通过开展微媒体培训、社会考察、知名媒体机构交流经验等学习活动加强他们对微时代的认识，鼓励他们提升拥有微媒体的技术、能力和素养。

2. 激发学生"意见领袖"的积极引导作用

学生中的"意见领袖"发挥的作用具有两面性，一方面，如果他们在微媒体平台上发布的信息是正能量的、与浏览学生的互动是友好的、对校内事件和热门观点的探讨是积极的，就能引导舆论朝着积极向上的方向发展，且有利于事情的化解。另一方面，如果他们发布的信息负能量爆棚，或是对学校稍有不满就煽风点火引起校园风波，这种消极的舆论导向就给事情的解决造成更大的障碍。高职院校可尝试培养一批"意见领袖"，并加强对他们的培养和引导，充分发挥他们的积极引导作用，通过他们在学生中解释、宣传、展开工作，使他们成为学生管理工作的重要力量，以便更好地为学生服务。如，在全国两会期间，学生"意见领袖"可以通过微博、微信等平台转发两会期间的热点话题，引导同学们共同关注时事政治，提高同学们热爱祖国、参与社会的积极性。总之，学生"意见领袖"在学生管理工作中的积极作用不容小觑，高职院校可从人才发展的角度考虑出发，充分尊重学生主体，多渠道构建培育机制，并形成系统科学的培养体系，从而实现以学生管理学生、学生服务学生、学生影响学生的自我发展模式。

（三）搭建"微媒体"，建立和健全学生工作管理平台

1. 保障微媒体平台广泛应用

"微时代"下，为了使微博、微信等微媒体平台顺利进驻高职院校并发挥其作用，学校必须建设满足微博、微信等微媒体平台使用的基础设施、硬件环境和软件设备，并且长期管理维护，以保障微媒体平台在校园内的广泛运用。如，校园 wifi 覆盖面要广，能到达包括教室、实训室、图书馆、运动场、食堂、学生宿舍等区域。总而言之，就是要创造以硬件条件为基础、以相应软件程序为补充，以长期维护为支撑，这样才能保障学生管理工作能够运用微媒体平台长期有效地开展。

2. 搭建多元微媒体平台

首先，注册学校的官方微博、微信公众号等平台，构建家、校、企、社互相关联的平台，并经常更新动态，保持与外界信息之间的交换；其次，建立各院系、部门的微博、微信等微媒体平台，通过双向互动，倾听学生的意见和建议，不断改进学生工作的服务质量；再次，鼓励教师开通个人微博、微信等微媒体平台，并与学生进行互动，为学生学习、生活提供帮助；最后，鼓励学生组织、社团、班级构建自由、民主、文明、守纪的交流平台，进行群体之间的互动和思辨，激发学生及学生工作的活力。搭建学校、部门、教师、学生组织多元微媒体平台，不能只建不管，还要加强监督、管理、维护，统一协调，相互补充，避免重复，以达到有效利用。

3. 构建精品微媒体平台

"微时代"下，为了更好地发挥微媒体平台在学生管理工作中的作用，还可构建专门的、针对性较强的学生管理工作精品微博、微信平台。如，注册"校园百事通"微信公众号，并有针对性对学生管理工作开发微信公众号的模块，如在"校园百事通"微信公众号中创建学生教育、学生管理、学生服务

等模块菜单，在学生教育模块中设计党团教育、理想信念教育、法制教育、心理健康、安全教育、主题教育等栏目；在学生管理模块设计校纪校规、奖惩通报、学生动态、档案管理、事务管理等栏目；学生服务模块中课设计文件通知、学习园地、就业创业、主题活动、校园生活、课表成绩查询、奖助困补贷、虚拟社区、联系我们等栏目。每个栏目下还可以添加子栏目，如事务管理下课开设宿舍管理、勤工助学、请假申请等栏目。所有栏目中的内容运用文字、图片、视频、音频等素材，且贴近学生，贴近生活，使用具有地方特色、学校特色、学生容易接受的语境，如"小清新""小卖萌"等，引起学生的共鸣和认同，吸引学生注意力，满足学生需求，增加学生关注、点击、阅读、参与、转发、评论的兴趣，使得平台能够受到学生的广泛关注，从而不断提升学生管理工作的服务质量。

4.强化使用微媒体平台的监督管理机制

"微时代"下，微媒体技术在校园广泛运用，在这种环境下，信息的发布和使用比以往更加自由，且信息的传播在某种程度上处于一种"时间、空间、资讯无障碍"的状态，具有不确定性和难以控制性。另外，由于平台太多，呈现自发、松散、无序的状态，缺乏统一组织，且没有相互协调，难以实现有效利用。因此，"微时代"下，系统化的制度建设和科学的监督管理机制的落实显得尤为重要，可尝试采取如下措施，首先，研究制定科学的、有效的、统一的微媒体运行的规章制度，加强对微媒体的有效监管。其次，对校园内多层次的微媒体平台进行监督和引导，并实时检查从源头上净化过滤不良有害信息，确保学生拥有健康环境，但又要注意留有适当空间，不过于敏感，草木皆兵，避免挫伤学生参与的积极性。最后，实施"线上""线下"两手抓的监管机制，结合传统的管理方式，扩大监管的范围。"微时代"下，高职院校只有与时俱进地研究出适当的微媒体科学使用管理方法，并建立合理的微媒体使用管理机制，营造安全、有序的校园环境，维护校园稳定。

（四）开展"微活动"，丰富与创新学生工作管理方式

1.构建"微活动"校园文化，形成"润物无声"管理特色

大学生十分注重校园文化生活，营造良好的"微活动"校园文化氛围可以调动学生参与活动的积极性。高职院校学生管理工作者可以尝试将微博、微信等微媒体平台运用于构建校园"微活动"中，并通过活动向大学生传播教育知识信息、弘扬社会主旋律和树立正确的价值观念，以突显"春风化雨、润物无声"的管理特色，为更好地开展"微时代"下高职院校学生管理工作

奠定基础。首先，可尝试挖掘和培养一批思维活跃、现代意识强、善于策划组织且多才多艺的教师或学生干部队伍，使他们深入到学生中间，并能够顺应时代需求，不断创建新的活动形式；其次，加入微时代元素、微时尚元素，推广校园文化活动，广泛的吸引大学生积极地参与进来；第三，创新校园文化活动形式，在传统的校园文化活动形式基础上，举办一些符合微时代发展、以为微时代主题的校园文化活动，比如微电影比赛、微博摄影评比、微商创业活动等。通过开展"微时代"校园文化活动既丰富了学生的课余生活，又锻炼了学生的人际交往能力，积累了社会实践经验。

2. 推广"微公益"校园项目，凸显"育人无形"的管理效果

微公益指的是通过微不足道的小事来进行公益事业的传播。在微时代中，人人都是微公益的践行者。汇微小成巨大，微公益强调积少成多，将每一件小事汇集成山海从而产生强大的力量。在学生中开展微公益校园活动项目，既能够帮助一些特殊学生，解决他们的难题，更能弘扬互帮互助精神，增进感情，传播正能量，实现"育人无形"的效果。高职院校举办校园微公益活动项目意义深远，校园中的微公益不仅是一种简单意义上的校园文化活动，更重要的是通过微公益活动，培养学生感恩的生活态度，提升学生的社会责任感，升华学生的思想道德品质，以达到"我为人人，人人为我"的人生境界。因此，高职院校学生管理工作者要了解有关微公益的基本知识，并结合工作中的具体实际情况，经常举办一些适合学生参与的微公益校园活动项目，并在学中积极的宣传。如，在学生中发起"一月捐献一元"微公益校园活动，帮助校园中家境困难、患有严重疾病的同学；向同学们倡议捐出自己用旧了的书籍等学习用品、衣服等生活用品寄给偏远山区的学生等校园微公益活动等。

第五章 高职院校和谐校园建设与其他素质教育

第一节 高职院校和谐校园文化建设

和谐的高职院校校园文化可以为和谐社会建设提供强大的科技知识支撑和文化精神动力，为和谐社会提供更为公平的教育，同时和谐校园又为和谐社会培养和谐发展的社会主义建设者和接班人，在构建社会主义和谐社会中发挥着独特的作用，因此构建和谐校园是建设和谐社会的迫切需要。

一、高职院校和谐校园文化的内涵及建设意义

（一）高职院校和谐校园文化的内涵

高职院校和谐校园文化是和谐社会文化的重要组成部分，是在学校教育环境下，在培养人才和不断完善自身的实践过程中形成的有本校特征的物质财富和精神财富的总和。它以师生为主体、以课内外活动为载体、以校园为主要活动空间、以校园精神为主要特征。它是时代精神在学校的反映，是办学理念、办学指导思想在长期的教育教学管理过程中形成的集体意识，它对学校师生的思想观念、道德品质、心理人格、生活方式、行为习惯等诸多方面产生直接或间接的影响。

高职校园文化从广义来讲是指在高职校园这一特定环境内聚集的物质财富和精神财富的总和。狭义地说，高职校园文化是高职院校对社会文化反复选择、提炼后加以吸收和统合，并融合了科学人文精神和个性特色的一种特殊的文化结构，是高职院校内在本质的集中表现和生存方式，是高职院校特有的精神环境和文化氛围，是高职院校办学理念、办学目标、办学传统以及校风校貌的综合体现。

高职院校和谐校园文化的内涵可从五个层面来理解：

第一层面，精神文化。

是由校园文化创设的思想与心理氛围，包括办学方向、办学理念、办学指思想、价值取向、思维方式、团体意识、人际关系和艺术情趣等因素，体现了优良的校风、严谨的教风、浓厚的学风和文明的班风，是深层次的群体意识，又是群体的向心力和凝聚力和学校的政治方向，是校园文化的灵魂。

第二层面，制度文化。

是指高职院在其发展过程中形成的特有的管理思想和观念，以及在这种观念下制定的具体的管理体制、管理模式及规章制度的综合体。它对规范校园内的各项活动、规范师生的言行起到必要的导向和约束作用，它是联系物质文化与精神文化的纽带，是校园文化的生命力所在。

第三层面，物质文化。

是由校园文化的物质条件构成的自然景观、建筑风格、校容校貌、基础设施、活动中心等，它是学院有形文化的重要组成部分。它是学校校容校貌、教学设施及校园环境的美化、绿化、净化等有型的部分，是校园精神文化与制度文化的外化形态，通过其外在可以彰显一个学校的文化特征，是校园文化的载体。

第四层面，课程文化。

是指按照社会对学生获得社会生存能力的要求而形成的一种课程观念和课程活动形态。高职校园课程文化集中表现为科学与人文、理论和实践相结合的课程文化观和课程活动观，并在课程目标、课程内容和课程实施三个层面上展示其主要内涵及特点。

第五层面，文化活动平台建设。

高职校园文化活动应更多地体现职业认知、职业情感、职业道德和职业技能等职业文化，更好地实现与企业文化的互动与对接。

上述几个层次的校园文化并不相互孤立的，而是相互依赖、相互补充的。高职院校和谐校园文化对学院的人才培养、科学发展、社会服务都起到重要作用，更牵动着学院自身的改革、发展与稳定。从教育部在高职院校开展的五年一轮的评估工作来看，合格学校主要看条件建设，良好学校主要看制度或机制建设，优秀学校主要看文化建设，可见文化建设在高职院校和谐校园建设中地位之重。

（二）高职院校和谐校园文化建设的功能

高等职业教育是高等教育体系的一个重要组成部分，属于职业技术教育的类型，主要实施实际的、技术的、职业性的教育。高职院校和谐校园文化是一种特定的文化环境，在培养人才的过程中具有教育、社会、管理、示范、导向、凝聚、激励等多面的功能。

1. 教育功能

高职院校和谐校园文化的教育功能主要表现在耳濡目染、潜移默化，具体体现为思想行为的引导作用、培养学生优良的个性和创造精神、培养学生的主体精神和自我发展能力、优化学生的知识结构，更好地促进个体社会化等诸多方面。校园文化的育人功能是多方面的，关涉到学生的思想道德、科学文化、身体心理的各种素质的培养。

大学校园文化以其所蕴涵的精神作为育人的场所和培养人的摇篮，让每一个学生日复一日、年复一年在美好的校园文化氛围中人格得到充分的陶冶，精神世界受到潜移默化的影响，思想境界不断升华，从而实现校园个体与社会环境之间的平衡和协调。

2. 社会功能

高职院校和谐校园文化的社会功能主要体现为社会控制功能和社会辐射功能，既受社会文化的影响，又对社会文化起示范和导航作用。我国当前社会正处于转型时期，人们的价值观、文化习俗、思维方式、行为规范等均受到西方文化与现代文化的猛烈冲击与检验。《中国教育改革和发展纲要》中指出："职业教育是现代教育的重要组成部分，是工业化和生产化、社会化、现代化的重要支柱。各级政府一定要高度重视，统筹规划，形成全社会兴办多形式、多层次职业教育的局面。"

高职院校要培养出直接面向社会的、有一技之长的高素质、应用型人才。为完成这一使命，高职院校必须积极倡导积极进取、开拓创新，努力构建和塑造一种适应社会主义市场经济发展的高职院校和谐校园文化。

3. 管理功能

高职院校和谐校园文化的管理功能在整个学校发挥着重要的作用且独具优势，它主要具有激励凝聚、规范约束和评价指导三方面的功能。其中评价指导功能解决的是一个方向问题；规范约束功能大多能收到制度或权力本身所难以相媲美的效果，笔者认为这是由于校园文化会形成一个较强的文化氛围，这一文化氛围包含着自身所倡导的理想追求和价值取向，这对师生来说是一种潜在的心理压力和动力，客观上能起到规范和约束的作用；激励功能则要求各高职院校设置适当的追求目标、合理满足校园文化主体的需要，同时，能适时激发动机。

4. 示范功能

高职院校和谐校园文化的示范功能是指校园文化的主体中的优秀人物对

其他人起到的示范作用。校园文化建设者在营造一个健康向上的既会做人又会做事的环境，而在做人与做事过程中，教师对学生的影响最大，是学生主要的模仿对象。教师的政治思想、道德品质，文明修养、治学态度，生活方式以及人生观、价值观，都会对学生产生潜移默化的影响，好的榜样是某种思想品德的具体体现，具有生动、鲜明的形象示范作用。使人们对行为准则、道德规范易于理解，便于学习，使人们受到感染的激励，因而具有强烈的教育示范作用。此外，校园中的字画，雕塑、纪念碑亭、历史名人塑像等人文景观，也都对生活于其中的老师和学生产生潜移默化的教育示范作用。

5. 导向功能

高职院校和谐校园文化的内容和形式，以及所构成的文化氛围，深刻影响学生的生活方式和思想行为。校园文化是一种客观的实际的环境力量，起着制约和规范人们行为的作用，所以，一旦形成人们的意识，就会变成一股巨大的导向力量。尤其对青年学生来讲，他们的人生观、世界观、价值观、审美观都还处在不成熟的阶段，特别需要正确的引导。所以，杜威说："最好的和最深刻的道德训练，恰恰是人们在工作和思想的同一中跟别人发生适当的关系而来的。"校园文化的导向作用，主要通过两个渠道来实现的，一是党的路线、方针、政策对师生的指导作用；二是通过世界观、价值观、道德观等表现出来的文化导向。

6. 凝聚功能

高职院校和谐校园文化的凝聚功能主要体现在校园精神文化上。校园文化建设的一个重要的目标，就是形成一种内求团结、外求发展的精神风貌。良好的校园文化环境与氛围，使人感到心情舒畅。同学之间互相鼓励、互相关怀；师生之间学生尊敬师长、教师爱护学生。这种和谐的校园文化氛围使人心情舒畅，让人产生一股催人向上、令人振奋的精神力量。这种共识和追求有利于形成校园主体共同拥有的责任意识、集体意识，增强校园的凝聚力。

7. 激励功能

高职院校和谐校园文化的核心是要创造出共同的价值观念，一所好的学校是以创造社会的优秀的共同价值观念作为校园文化的最高境界的。是最能体现学校风格和特征的意识形态，它反映着教职工和学生的共同心声，对还处于成长期的青年学生十分必要。优秀的校园文化能产生一种激励机制，使每个为集体做出贡献的成员都能得到奖励。因此，校园文化很重要的任务就是唤起广大学生的成才欲望，促使他们自觉努力。和谐的校园文化使学校学生精神振奋，朝气蓬勃，能够激发学生的积极性和创造性，从而将学生的被动学习转化为自觉的行为，形成一种你追我赶的激励环境和激励机制。

（三）高职院校和谐校园文化建设的意义

"和谐社会"是几千年来人类孜孜以求的社会理想和价值追求，从中国古代的大同社会，到近代的太平盛世；从古希腊柏拉图的理想国，到近代魏特琳的和谐共享制度，都反映了人类对和谐社会的向往和追求。以胡锦涛同志为核心的第四代党中央领导提出了构建和谐社会的目标，党的十七大对贯彻落实科学发展观提出了新的要求。作为教育单位，既要深刻领会胡锦涛在十七大报告中对和谐社会和科学发展观的新论述和新要求，同时也要紧密结合教育部部长周济"高举中国特色社会主义伟大旗帜，推进我国教育事业科学发展"的讲话精神，结合当前全国高职高专的发展态势，以科学发展观统揽高职高专发展全局，自觉贯穿于我们的各项工作之中，促进高职院校全面、协调、可持续发展，为促进我国教育事业持续协调健康发展做出应有的贡献。

和谐校园是和谐社会的重要子系统，只有和谐的校园才能造就出社会需要的各种和谐发展的人，从而促进整个社会的和谐发展。高职院校和谐校园文化对于确立学校各子系统、各要素全面、协调、自由、充分发展和良性互动、整体优化的教育理念，具有十分重要的现实意义。

主要表现为以下几个方面：

1. 构建高职院校和谐校园文化是全面建设和谐社会的必然要求

和谐高职院校是社会主义和谐社会的重要组成部分，在构建民主法制、公平正义、诚信友爱、充满活力、安定有序、全面协调、人与自然和谐相处的和谐社会过程中，应该率先垂范。只有实现了学校的和谐发展，高职院校才能发挥好高职教育在社会主义现代化建设中的作用，促进全面建设小康社会宏伟目标的实现。1999 年 4 月 26 日至 30 日在汉城召开的联合国教科文组织第二届技术与职业教育大会，明确了"技术与职业教育作为终身学习的组成部分，应在新时代中发挥至关重要的作用，因为职业教育是实现和平文化与有益于环境的可持续发展、社会和谐以及国际公民的有效手段"。

2. 构建高职院校和谐校园文化是落实以人为本的科学发展观的内在要求

以人为本作为高职教育科学发展观的价值内核，贯穿高职教育的方方面面。以人为本，体现在师资队伍建设上，就是要尊重人才、关心人才、聚集人才，发挥人才作用；以人为本，落实在学生教育管理上，就是要以学生作为教育服务的中心，为学生构筑一个功能完善的教育服务体系；以人为本，贯穿在校园文化建设中，就要营造自然环境和人文环境相和谐的文化氛围，发挥校园和谐发展的教育功能，实现高职院校办学的指导思想和基本理念。

3. 构建高职院校和谐校园文化是深化高教改革，优化育人环境的需要

建设各具特色的校园物质文化、校园制度文化、校园精神文化、校园课

程文化、校园文化活动平台，是丰富学校教育活动的主要内容。和谐的校园文化是以文化形态参与的非强制性教育手段，其特点是通过创造一种教育的环境，影响教育的效果，以不知不觉的、潜移默化的情感陶冶、思想感化、行为养成的方式，达到教育的目的。所以它容易促成良好的师生互动的教学环境，以人为本的服务环境和激励向上的实践环境，从而形成良性循环的育人环境。

4. 构建高职院校和谐校园文化是形成民主和谐的学术氛围的需要

和谐的校园文化有利于形成自由的学术氛围。学术自由是大学精神的真谛，要形成一种不同学派、不同观点自由争论的气氛，从而促进学术的创新和争鸣。师生可以平等交流，年轻人敢于冒尖，个性得以充分发展，而良好的学术环境对培养创造性具有十分重要的作用。

5. 构建高职院校和谐校园文化是学生成才和素质全面提高的需要

"牢固树立育人为本，德育为先的思想观念，坚持全员育人，全过程育人，全方位育人"，是构建和谐校园的根本要求。和谐的校园文化通过文化的熏陶作用，以润物细无声的方式促使学生做出正确的判断和选择。建设清新雅致的校园、团结向上的校风和求真务实的学风，建设优良的教学秩序、生活秩序，对身临其境的教职员工有种无形的感染力、约束力、促动力。开展多学科、多层次、多内容的校园文化活动，不仅有利于拓宽学生的知识面，改善知识结构，而且有利于培养学生参与意识、竞争意识和成才意识；不仅有利于培养学生的思维表达能力，交际协调能力，组织管理能力，而且有利于促进学生个性发展，增强学生自信心、自尊心和社会责任感、历史使命感，促进学生素质的全面提高。加强高职院校和谐校园文化建设，对形成高职院校和谐校园文化的新格局，促进大学生全面、健康、和谐发展具有重大意义。

6. 构建高职院校和谐校园文化是实现高职院校自身发展的需要

高职院校由于建校时间较短，社会对高职教育的认同感较差，政府财政拨款不足等原因，使得绝大多数高职院校把主要精力用在了扩大招生规模，谋求学校发展上。认为高职院校的培养目标是应用型人才，其技能的高低是学生立足社会的根本，是学校发展的动力源泉，而学校文化与学校的发展没有直接的关系，在某种程度上忽视了对校园文化的建设、提炼和升华。从而导致大部分高职院校忽视了对学生的全面教育，使毕业生素质良莠不齐，走上社会后影响学校的声誉，这就需要重视和加强校园文化建设，形成和谐、健康、高雅、积极向上的校园文化，培养出德才兼备的人才。

二、高职院校和谐校园文化建设目标要求及主要内容

（一）高职院校和谐校园文化建设的总体目标

高职院校的办学特色是强校之本，没有特色的高职院校，将难以长久生存。"办学特色不仅体现在专业特色、课程特色、管理特色、服务特色等方面，还表现在有特色的校园文化。不管是哪个方面的特色，如果没有相应的特色校园文化作支撑，这种特色只会是昙花一现，不能形成真正意义上的办学特色"。基于校企对接的高职院校和谐校园文化建设，必须以校企精神文化对接为重点，以校企制度文化对接为抓手，以校企物质文化对接为基础，以校企课程文化对接为亮点，以校企文化活动对接为平台，通过校企文化的对接与共融，努力创建职教特色鲜明的高职院校和谐校园文化。主要体现在：

1. 创建校企对接的和谐校园精神文化

在院校精神、办学理念、校训、校风、教风、学风、校徽、校歌等方面，融合和体现企业精神文化的元素和精髓。

2. 创建校企对接的和谐校园制度文化

积极吸收现代企业先进管理理念的合理内核，努力构建具有高职特色的"企业化"的管理制度和运行机制，要充分体现办学理念，坚持以人为本。

3. 创建校企对接的和谐校园物质文化

在基础设施特别是教学实训设施或基地建设方面，要积极创造条件实行校企共建的模式，不断实现校企双方共享、共赢的目标；在教学实训基地、实验实训设施的结构和功能上，应体现企业岗位实际工作流程和高技能人才培养的要求积极营造仿真（真实）的职业环境。

4. 创建校企对接的和谐校园课程文化

通过校企合作平台，整合校企双方资源，组织企业现场专家、课程开发专家、学校教学专家和职教研究专家等，根据各专业课程对应的职业岗位作业流程，对课程目标、结构、内容、方法手段、教学资源和考核评价方式进行不断优化和持续改进。

5. 创建校企对接的和谐校园文化活动平台

为校企文化对接和融合提供多样化的渠道和载体。

（二）高职院校和谐校园文化建设的指导思想和原则

1. 高职院校和谐校园文化建设的指导思想

基于校企对接的高职院校和谐校园文化建设，要坚持以马列主义、毛泽东思想、邓小平理论和"三个代表"重要思想为指导，坚持贯彻落实科学发

展观，坚持社会主义先进文化的发展方向，遵循文化发展规律，以科学文化素质教育为基础，以综合职业能力培养为主旨，以培养人文修养为底蕴，以建设优良校风、教风和学风为核心，以优化校园文化环境为重点，以树立正确的世界观、人生观、价值观为导向，弘扬主旋律，突出高品位，重在建设，加强管理，和谐发展，彰显特色，不断满足高职生日益增长的文化需求。胡锦涛在十七大报告中深刻地指出："当今时代，文化越来越成为民族凝聚力和创造力的重要源泉、越来越成为综合国力竞争的重要因素，丰富精神文化生活越来越成为我国人民的热切愿望。"目前党和国家努力推动社会主义文化大发展大繁荣、积极构建和谐社会的喜人形势，也给高职院校校园文化建设提出了更新更高的要求。通过实施高职院校和谐校园文化建设，进一步创新校园文化内涵，创建校园文化精品，提升高职院校和谐校园文化品位，促进学生全面发展，为提高学生综合素质创造良好的教育环境和文化氛围。同时，要充分吸收现代企业文化的先进理念与思想精华，丰富校园文化内涵，努力使高职院校成为区域内社会主义先进文化的重要基地、示范区和辐射源。

2. 高职院校和谐校园文化建设原则

高职院校属于高等院校，其校园文化自然应该具有普通高校校园文化的内涵和共性；高职院校是职业教育的高层次，其定位是培养面向生产、建设、服务和管理第一线所需要的高等技能型人才。因此，其校园文化建设不能一味地模仿和抄袭普通高校的建设模式，也不是中职学校的涂脂抹粉，而应具有自身的鲜明特色，应按照高职教育的特点和规律，按照高职教育的办学理念和理想追求，尽可能突出"职"的特点，融进更多职业特征、职业技能、职业道德、职业理想、职业态度、职业价值观以及职业人文素质。在具体建设上要求学校要根据企业对人才的需求，将职业特征、职业技能、职业道德、职业价值观及企业家精神引入校园。具体有以下几个方面：

（1）按照职业要求建设好校园的物质文化

职业教育设施建设应放在校园文化建设的突出位置。高职院校不一定有雄伟气派的教学楼、体育馆，但必须有科学先进的实验楼、实训楼；不一定有一流的专业，但必须有一流的专业实验实训室。高职院校学生的核心竞争力不体现在理论水平上，而主要体现在职业实践水平和动手能力上，因此，体现职业教育的实践性教学环节的设施建设应该摆在首要和突出的位置。高职院校应尽可能将教学环境设计为教学工厂模式，建立理论与实践一体化教学的专业教室，融教室、实训、实验、技术服务与生产为一体，使专业教室具有多媒体教学、实物展示、演练实训、实验、技能考核训练等多种功能，营造出良好的职业氛围。

教学环境建设融入职业因素，高职院校教学环境布置，除有名人画像、格言警句外，还应有市场人才需求信息、行业与专业的发展趋势、业内成功人士的资料等与职业相关的因素，让学生从行业日新月异变化中体味职业感受和专业思想，提高学习动力。校园内的楼、路、灯、教室、实训基地、设备仪器、广场等都可以人名、企业命名。校园内还应增加名人石雕、刻着带有文化意义的文字等，集中反映建校以来对学校有贡献的名人、优秀校友、优秀合作企业家、或有过重要贡献的人，每项物质文化都应该按"艺术"精品的标准来建设。还有校徽、校标、校歌、信封、文稿纸、提袋、校报、画册、学报、教材、光盘、校园网、宣传栏、指示牌、学校产业的产品标识、交通与实训工具上的标识等都应印有无声的职业文化，都应力求精致、美观、有品位。

（2）按照高职特点和规律创新校园制度文化

制度文化是精神文化的载体，人们言行举止、交往互动的准则系统，它实际上充当了个体、群体和社会存在的一种内在凝聚力。它包括各种规章制度、道德规范、行为规范、工作守则等，并对规范校园内的各项活动、规范师生的言行起到必要的导向和约束作用，是维持学校正常教学、生活、工作秩序健康稳定发展的保证。

一要构建管理制度文化的理念。依章治校，依规治教；有章可循，有规必遵。这必须成为师生员工共同遵守的信条。学校必须对办学宗旨、办学理念、办学性质、办学任务、管理理念、管理体制、管理机构、管理形式、奖惩等方方面面做出科学的规范，以制度的形式明确规定下来，并为全体成员所认定。

二要以人为本。制订学校规章制度时一定要注意原则性与灵活性的和谐统一。以学生发展为本，以教师发展为本，以调动人的积极性为本，让师生真正成为学校的主人，对学校产生归依感、认同感，与学校共荣辱同发展。

三要有创举。既要保持制度的连续性，又要注意制度改革的创新性。要充分发动和依靠广大师生员工，让"优秀成为习惯、把高尚作为追求"渐渐走进学校管理制度文化中。在教学制度建设上，导入ISO9001质量管理体系的理念和管理思路，根据教学工作的特点和要求，充分调动教与学两方面的积极性，充分挖掘教与学两个主体的潜能，编制符合高职教学特点和实际的教学质量管理手册，在高职教师应具备怎样的师德，应遵循怎样的教学规范，应培育什么样的人，应怎样培养人，应如何评价教学工作等方面，创设出比较科学的有关教学层面的制度文化，形成教学质量管理体系文件，从招生、培养、实践、就业等各个环节上优化管理程序，完善教学管理过程，全面提高教学质量。产学研合作是高职院校办出特色，学生"职业人"意识养成，就业竞争力提高的必由之路。只有让企业参与学校育人的全过程，才能培养出企业需要的高技能人才，才能增强服务区域经济的能力。保证产学研一体化、校企合作、专业建设顾问委员会、订单培养、社会调查、毕业生跟踪调查等有关方面机制的科学建立与运行；健全实训基地的工作管理制度，完善校内外实训基地的运行机制，在满足合作企业和人才培养需求基础上，实现校企互惠双赢。

（3）按照鲜明的办学特色建设校园精神文化

精神文化包括办学理念、学院精神、校训、校风、教风、学风、校徽、校歌等。办学理念是高职校园文化建设中统揽全局的根本指导思想，而学院精神是对办学理念的进一步升华，它们与校训、校风、教风、学风等一样，都是师生员工经过长期努力积淀而成的相对稳定的理想、信念、道德、情操与追求。校徽是一个学校的象征，也是学校办学理念、办学特色、人文精神的集中体现。校歌是学校的重要文化标志，是学校精神文化的重要组成部分，它对于弘扬学校精神、凝聚师生力量有不可替代的作用。在建设精神文化时，一定要遵循"以人为本，重在塑造"的教育性原则，"立足现实，着眼特色"的职业性原则，"勇于创新，鼓舞人心"的开拓性原则，"朴实无华，朗朗上口"的质朴性原则。同时，要以优良的校风、严谨的教风、浓厚的学风、文明的班风来诠释校园精神文化建设的内涵，体现学校的精神。同时，构筑特色鲜明的院系文化，不同的院系文化构成了丰富多彩、各具特色的校园文化。各院系要在学校文化建设规划的统一要求下，本着与学院文化协调发展、突出特色的原则建设和发展各自的院系文化，并逐步形成自己鲜明的特色。各院系要突出自己的形象文化建设，加强教学、科研、实验室建设，以及各种活动和一些重大成果的宣传报道，建立院系形象展示窗，制作本院系介绍材料，力争办出院系文化精品，形成具有不同专业特色的学术文化、科技文化、教师文化和学生文化等。

（三）高职院校和谐文化建设的主要内容

1. 精神文化建设

高职院校和谐精神文化建设是学校最为核心和高度抽象的价值追求和品格特征，本质上是学校的办学理念、育人方针、学术追求、管理模式的哲学抽象，是对学校文化意识形态的整合、凝练和升华，是学校之魂。包括院校精神、办学理念、校训、校风、教风、学风、校徽、校歌等。

一要使学院精神、办学理念、校训、校风、教风、学风、校徽、校歌等，融合和体现企业精神文化的元素和精髓。

二要加强与企业和市场的衔接，借鉴和吸纳包括企业价值观、企业精神、战略目标、经营理念的企业精神文化，如质量意识、市场意识、品牌意识、服务意识、诚信意识、创新意识、团队意识等。

三要努力构建企业化的校园文化的理念，以为企业培养大量高技能人才为办学目标，以为企业服务的质量作为基本的价值标准，实施像企业那样严格、规范、标准的管理，不断营造企业化的校园文化氛围。

四要将企业文化教育纳入高职教育的整体规划，使企业文化成为每位高职学生素质结构的一部分，从而对企业产生积极的认同意识。

五要开设《现代企业文化》等课程，开展企业文化调查和企业文化内容展示，邀请企业精英来校举办讲座，组织实训实习，开展丰富多彩的校园文化活动等，传播和实践企业文化。

2. 制度文化建设

高职院校和谐制度文化建设属于校园文化建设中的机制建设，它是维系学校正常秩序必不可少的保障机制，具有导向、约束和规范作用。高职院校在内部管理体制和运行机制上，应注重汲取企业先进的管理经验和文化内容，强化诸如诚实守信、遵法守纪、爱岗敬业、团结合作等与企业文化有密切关联的教育内容，使高职院校的师生基本具备与企业员工相同的行为规范。

3. 物质文化建设

高职院校和谐物质文化是校园文化建设的基础载体，在物质文化建设上应突出职教特点，呈现出鲜明的企业文化色彩。

（1）在基础设施特别是教学实训设施或基地建设方面，要积极创造条件实行校企共建的模式，不断实现校企双方共享、共赢的目标。梁思成曾说过："建筑是一面镜子，它忠实地反映着一定社会的政治、经济、思想文化，"因此，这本"立体的书"还肩负着对师生员工进行教育的职责。

（2）在教学实训基地、实验实训室等设施的结构和功能上，应体现企业岗位实际工作流程和高技能人才培养的要求，积极营造仿真（真实）的职业环境。

（3）在学校主体建筑物上镶嵌突出职业特征的校魂、校风、校训，在校门口建起富有职业感召力的大型壁画和雕塑，在校园内树立有关职业及创造的名言牌，在校园甬路两侧设置鼓励学生创新言行的路灯、灯箱，在校园醒目处悬挂国内外著名企业家画像，在教室里张贴著名企业家的经典言论，在橱窗中展示学校创业成功的校友像。

（4）以合作企业或对学校有贡献的名人、优秀合作企业家、优秀校友的名字，命名校园内的楼、路、灯、教室、实训基地、设备仪器、广场等。

（5）将教学环境设计为教学工厂模式，建立理论与实践一体化教学的专业教室，融教室、实训、实验、考工、技术服务与生产为一体，使专业教室具有多媒体教学。

4. 课程文化建设

高职院校和谐课程文化是指按照社会对学生获得社会生存能力的要求而形成的一种课程观念和课程活动形态。高职院校校园课程文化集中表现为科学与人文、理论和实践相结合的课程文化观和课程活动观，并在课程目标、课程内容和课程实施三个层面上展示其主要内涵及特点。

（1）在高职校园课程文化建设上，应坚持"三个零距离"（专业设置和课程开发与企业和社会零距离配合、教学内容与职业需求零距离贴近、实践教学与职业岗位零距离接触）的课程改革思路，使学校专业设置和课程开发、教学内容与教学方法等诸方面反映出企业和社会需求的脉搏。

（2）通过校企合作平台，整合校企双方资源，在广泛的社会调查和人才需求预测基础上，根据各专业课程对应的职业岗位作业流程，由专业建设指导委员、会及相关行业、企业的专家共同参与，根据行业企业提出的岗位培养目标，设置专业和培训项目，搞好课程开发，按照行业企业的要求组织教学活动，并参与企事业单位新技术、新产品的开发等，为企业提供职工培训、技术咨询等服务。

（3）通过校企双方，对课程目标、结构、内容、方法手段、教学资源和考核评价方式进行不断优化和持续改进。

5. 文化活动平台建设

高职院校和谐校园文化活动应更多地体现职业认知、职业情感、职业道德和职业技能等职业文化，更好地实现与企业文化的互动与对接。

（1）将学生课外文化活动与企业职工的文化活动结合起来，采用"请进来"的方式，与大型企业开展合作，举办校企联谊活动。由学院提供活动场地，企业提供活动经费，双方共同排演文艺节目，使在校学生与企业员工交上朋友，拉近校园文化与企业文化之间的距离。

（2）有意识地将企业文化融合渗透到学生课外活动中，如举办职业生涯设计大赛，开展野外拓展训练，播放描写公司发展、反映企业成长、体现企业文化的影视片，在演讲比赛、辩论赛或文艺演出中融入企业文化的相关内容等，使学生潜移默化地了解和接受企业文化。

（3）举办"企业杯"学生科技活动和专业技能竞赛，将创新意识、科技意识、市场意识等企业文化内涵有效融入学生生活中。由企业冠名并提供比赛经费，由企业委派技术人员担任指导教师和评委，设计作品则由企业优先采用，使学生的设计活动与企业和市场更为贴近，同时也为企业挑选优秀毕业生创造机会，提供平台。

（4）经常举办企业家报告会。经常聘请在国内外有较高知名度的企业负责人来校为学生作专题报告，让将要走向社会和企业的学生了解企业的需要，尽早为就业做好心理和技能方面的准备。

此外，高职院校校园文化应采用必修课程与选修课程、课内课程与课外隐形课程、大型活动与小型讲座、思想政治教育与校园文化、文化活动与科学研究以及"走出去"与"请进来"等相结合的方式，做到人人参与，使寓教于乐的高品位的校园文化活动全方位渗透，如针对校风、学风及考风问题，除开设德育、法纪课外，还可通过演讲、相声、话剧等自编、自导、自演，使大家从这种融思想性、知识性、教育性、趣味性、艺术性和娱乐性于一体的隐形课进一步提高综合素质和综合能力。

三、高职院校和谐校园文化建设存在的问题

（一）对高职院校和谐校园文化认识存在片面性

目前，多数人对校园文化的认识还停留在狭义的校园文化认识上，把校园文化简单等同于单纯的文体活动。校园文化活动的思想性、艺术性、知识性较弱，高雅的文化活动少，低层次、一般化的活动较多。其次，认为校园文化建设是学生管理或者某些职能部门的工作。各部门即使结合实际开展一些活动也显得零散，一些部门和师生在共建校园文化的认识上还存在一定差距，全员参与的意识不强。具体表现在：

1. 对校园文化的作用认识不足，没有相应的条件保障

目前很多的高职院校对校园文化建设还重视不够，学院领导还没有充分认识到校园文化建设在提高办学水平中的重要作用，致使校园文化处于一种自由游离的发展状态，没有投入相应的人力、财力、物力来主动地建设校园文化，只重视硬件如校园面积、房屋、实验实训设施的建设，忽视文化建设。因此很多高职院校的校园文化建设缺乏必要的组织、制度和物质的保障。

2. 对高职院校理解有偏差，忽视学生人文的培养素质

部分高职院校受功利主义思想的影响，片面理解职业教育的就业导向，人为地割裂人的职业生涯与人的全面发展的协调关系，因而只重视学生专业技能的提高，轻视学生人文素质的培养，只重视职业能力不重视职业素质，而且高职学院的学生来源复杂，文化基础普遍较差，人文知识相对缺乏，因

此这两方面的原因导致了一部分高职学生的心理素质、辨别是非的能力、公德意识、责任感等都较差。这些学校由于人文环境的缺乏，校园文化的建设也就受到相当大的制约。

3.定位模糊，缺乏应有的特色

由于我国高等职业教育发展的时间较短，大部分高职院校都是最近几年新组建起来的，而且很多都是从中专升格而来，存在浓厚的中专气息，在校园文化建设方面缺乏自己的思想，感到除了照搬照套普通高校的校园文化建设模式外已别无选择，虽然在搞校园文化建设，但不知道高职的校园文化特色在哪里。

4.重视校园物质文化建设，轻视校园精神文化建设

新升格的高职院校为了改变发展历史短，社会认同度低这一不利局面，千方百计地加大物质文化建设来吸引更多的考生和家长，提升自身的影响力。因此，很多学校把主要精力放在了征地、建楼、扩招等事务上，而在校园精神文化建设和内涵发展方面显得精力不足，在校园物质文化建设中也没能充分体现职业教育的特色。忽视了校园精神文化的建设，校园文化建设将趋于一般化、程式化，不利于学校最终形成具有个性、普遍影响和师生共享的学院精神。

（二）校园文化活动形式单调，层次偏低

校园文化活动从形式上可分为三大类：一是文化型活动，包括学术型、知识型、娱乐型活动；二是经济型活动，包括科技咨询型、服务型、商业型活动；三是社会实践型活动。从目前高职院校的文化活动看，绝大部分属知识型和娱乐型，学术型和经济型活动鲜有涉及，社会实践型活动尚在起点，实效和计划性也仍需提高。同时在我们的高职校园中，浅层次文化比重偏大：许多大学生崇尚感官刺激，讲求实惠实用，对中国优秀文化传统不以为然，对世界名著兴趣不大；影像作品，"寝室文化"，课桌文化充斥的大都是社会通俗文化、流行文化乃至颓废文化；学生课余时间活动单调，尤其高雅性的活动较少。另外，忽视了教职员工在文化活动中的主导作用，即忽视了以教师为主体的教育管理工作者共同创造的、以教师的行为为主表现出来的校园氛围对人才培养的重要作用。其实在高职校园中，教师对学生的影响最大，学院的每一名教职员工都应当成为学生"以学立身，以德修身"的榜样。因此，高职院校如何引导师生员工开展丰富多彩、内容健康、格调高雅的校园文化活动，激发师生员工的工作学习热情，增强教职员工教书育人、管理育人和服务育人的意识，仍是亟待解决的问题。校园文化建设应该彰显高职院

校的职业性和个性化，但目前高职院校很大一部分是由以往的中等职业学校升级而来，在校园文化建设上要么沿袭过去的做法，没有发展和创新，要么复制普通高校的做法和经验，没有根据高职教育和自身学校的特点建立适合自身生存发展的校园文化，校园文化建设要么处于滞后状态，要么超前于实际需要，不能最大限度发挥校园文化的作用。

（三）校园文化建设缺乏必要的硬件支持，投入不足

支撑校园文化建设最重要的物质基础是场地。许多高职院校原有的基础设施底子薄，随着近几年学生人数的逐年增加，原来的设施尤其是场所等越来越显得不足虽然不少高职院校在资金不足的情况下做出了许多努力，校园环境和基本的硬件设施有了一定的改善，但仍然无法满足学生数量增长的需要。图书馆、教室、学生宿舍楼、文艺汇演场所，甚至运动场地都显得格外紧张。大学生日益高涨的文化精神需求和学校文化设施之间的矛盾进一步突出。因没有固定的学生文化活动场所，就很难保证和满足学生的课余活动。学生对单调的双休日生活感到枯燥，其中部分学生就到网吧、游艺厅、饭店等场所打发时光，既给学生管理工作加大了难度，也不利于引导他们有意无意地感同身受高职校园文化的熏陶和影响。同时由于高职扩招，学生人数急剧增多，图书馆、教室等设备格外紧张，教育是一个特殊的行业，这个特殊性要求教育必须以社会效益为重。但高职院校的建设和发展政府投入少，在同行的激烈竞争中必须取得相应的经济利益，才能得以生存和发展。因此，不少高职院校将工作重心偏向招生就业，在资金、师资等投入上往往偏重于学生专业知识和技能，而轻视学生文化素质，从而影响了校园文化的建设和发展。

（四）网络文化与文化信息化的挑战加剧

网络传媒对传统校园文化建设提出了新的挑战，网络的出现促进了社会发展，它使文化传播进入到一个全新的时代，不同的文化可以最大限度地在这里交流、融会，不同国家的人们可以在这里得到快捷、大量的信息资源，从而加强了解和沟通。同时，网络也为校园文化建设提供了更便捷的交流手段、更丰富的信息存储，可以极大提高校园文化的覆盖面和有效性。然而另一个方面，由于网络的国际性、开放性与交互性，使得各种负面信息有了存在和生长的土壤，网上充斥着立场各异的新闻报道，网络信息中夹杂着不少反动、迷信、黄色的内容，西方的生活方式、价值观念，包括色情、暴力、贩毒等垃圾信息也借以大量涌入，腐蚀青年学生的道德操守，混淆他们的辨别能力，消磨他们的信念意志，致使校园文化的繁荣与发展遇到了前所未有

的挑战。

四、创新高职院校和谐校园文化建设的基本途径

通过对一些高职院校校园文化建设中存在问题的分析，在把握高职院校校园文化建设的原则下，我们要大力加强高职院校和谐校园文化建设，创出具有文化品味、独立品格和价值追求，理论实践相辅相承的高职院校和谐校园文化，为培养高素质技能型人才创造良好环境。

（一）引入企业文化，丰富校园文化内涵

引入企业文化，使其成为高职院校和谐校园文化的重要组成部分，成为高职院校和谐校园文化的一个特色。

1. 创新人才培养模式

采用"职业活动导向"的教学方法和"基于工作过程"的课程体系和教学内容，在实践性、开放性、职业性很强的仿真和生产性的教学情景中逐步渗透企业文化。基于"学习的内容是工作，工作的内容是学习"的教学理念，以职业活动为导向，做到课程标准与职业资格标准的接轨，实现课程标准与学生职业生涯发展的协调；将企业实际的生产过程或项目活动与教学内容挂钩，通过师生共同实施一个完整的企业"项目"来开展教学活动，这是实现校企文化对接的根本保障。

2. 利用各种机会阐释企业文化

通过到企业实习、实训的机会把握理解企业文化；邀请企业文化工作者到学校进行专题讲座，通过企业的厂景、厂貌、文化宣传、企业发展和行业发展的现状等介绍，与企业文化进行零距离接触；将某一企业的文化作为专题在校内进行展示，或将几个或多个企业的文化成果进行综合展示，实实在在地把企业文化引入校园。企业文化与校园文化两种文化相互渗透、相互参与，彼此借鉴，共同发展成为一个相互包容的和谐整体。

3. 产学合作实现校园文化与企业文化的融合

一是通过建立校企合作长效机制，定期聘请企业一线技术人员讲授专业知识，使学生加深了解所学专业的工作性质、工作过程和技能要求，并使学生经过实训，掌握必需的基本操作技术，获得初步的实际工作能力，为专业课教学和毕业实习、就业打下良好基础。二是通过安排专业教师下企业挂职锻炼，使教师更深地了解一线岗位的技能要求，增强自身的实践能力，在教学中更好地实现理论与实践的结合。三是通过为企业培训员工，参与企业技改项目，解决生产实践中的问题，促进教师科研水平的提高，更深地理解企

业文化的内涵。

4.进一步丰富校园文化活动

校园的各种文化活动是校园行为文化的重要组成部分，是学校除了正常教学之外的"第二课堂"，开展各种积极向上的校园文化活动既可以使学生养成良好的行为习惯，又可以繁荣校园文化。在校园文化活动中，具体要做到：

（1）加强对校园文化活动的正确引导

大学校园文化活动要以社会主义核心价值体系为导向，以社会主义荣辱观为基础，充分发挥校园文化活动的育人功能。在对校园文化活动的引导过程中，坚持破中有立、立中有破的原则，大力弘扬时代主旋律，用积极健康的思想去引领校园文化的发展方向，切实加强管理，统一思想，促进校园文化活动的繁荣，有效防止校园文化活动中不健康的内容和形式出现，确保校园文化活动顺利开展和进行。

（2）提高校园文化活动组织者的素质

校园文化活动组织者的素质直接决定大学校园文化活动的生命力，决定校园文化活动育人功能的实现程度。所以，要努力提高思想政治工作者自身的素质，培养学生骨干，锻炼一支强有力的队伍为大学校园文化活动提供支持，要努力使他们适应经济发展的需要，具备高尚的思想品质，先进的活动知识、良好的活动组织能力，以保障校园文化活动蓬勃的生命力。

（3）丰富校园文化活动的内容

首先，办好各种竞赛活动，创造和谐的竞争机制。当前的时代是一个充满竞争与挑战的时代，大学生能否更好地实现自我价值在于对竞争的态度和适应性，因此，要培养他们敢于竞争、善于合作的能力。通过开展大学生运动会、大学生文化艺术节、大学生辩论赛等竞赛活动，可以促进学生的个性发展，激发学生的业余兴趣和爱好，增强了学生的团队合作精神和竞争意识，从而为将来走向社会打下良好的基础。

其次，加强学生社团建设，开展丰富多彩的社团活动。校园里的社团是学生课余时间切磋技艺、探讨学问、共同提高的重要空间，是校园文化现象的重要组成部分，是校园文化的有效载体。一方面，由于这种团体的兴趣指向性，使它更具有凝聚力；另一方面，社团是课堂教学有效地补充，可以融洽校园的学习气氛，增强学生学习的积极性和主动性。

最后，积极组织各种公益活动，促进学生对社会的关心。大学教育的根本目的是培养社会主义的合格建设者，合格的建设者首先应该关心他人、关心社会。学校应该多组织学生参加一些公益活动，培养他们吃苦耐劳的精神和艰苦朴素的作风。在公益活动中，学生可以走出校门，深入群众，既锻炼才干，增长见识，又可以帮助部分学生改掉"一心只读圣贤书"的片面认识，做到"家事、国事、天下事，事事关心"。总之，唯有处理好校园文化层次结构中各要素之间的关系以及校园文化与其他相关因素的关系，校园文化这个系统才能达到动态的平衡状态才能和谐。以这个达到和谐的系统来带动其他系统，进而使整个高等教育系统达到和谐，进入稳定的可持续发展状态。

（二）建立高职院校实训文化

1. 实训文化的内涵

在高职教育过程中，课堂教学活动依然是最基本的校园文化，它对发展学生的智力是不可缺少的。同时，高职教育也十分重视实习、实训等实践教学环节，并将其视为完成高职培养目标、培养高等应用型专业人才的关键途径。所谓实训，是指让学生在真实或仿真的环境中进行掌握某种技术或技能的训练活动。为了适应培养实践能力的需要，高职院校也普遍认识到实训在培养职业能力和职业素质方面的特别作用。由于实训活动在运行形式上强调工位性，在运作上讲求职业性，在教学上强调可控性，因此它不同于一般的实验教学和原生态的校外见习或生产实习。而是为了培养学生的实践能力，更着重培养学生的职业实践能力，更注重实训。强化实训理念与加强实训制度建设，可以说是高职院校特有的一种校园文化。这种文化，也可以说是高职院校的实训文化。

在高职院校中，实训文化的主要理论载体是实训计划，该计划规定了基本职业技能训练、项目设计和毕业设计等教学活动的内容与要求。基本技能训练是指学生在教师指导下掌握胜任职业岗位的基本能力所必需的基本经验技术和动作技能的活动，基本技能是高职院校学生完成综合技能训练如项目设计、毕业设计和从事专业工作所必需的基础性技能。在高职院校中，基本技能训练的具体内容因专业不同而有所差别。

2. 建立高职实训文化的功能

高职院校加强实训文化建设，首要的功能为培养技术应用型人才提供文化支持。让高职学生掌握实用的技术，具有解决生产第一线问题的能力，必须有良好的实训环境和条件。让学生到社会上去进行原生态的生产实习，固然也具有实训的功能，但是安排学生在经过建设的实训基地进行有计划、能控制和有指导的实训活动，更能发挥学校教育的影响力，更具有系统性、简约性和实效性的特点。

高职院校加强实训文化建设，也有利高职教育师资的成长。从事高等职业教育的教师，其知识结构与能力结构应当与职业教育相适应。但现实情况并非如此，许多高职院校的专业教师虽然有本科或研究生的文凭，但在专业技术应用能力方面显得力不从心。显然，只有理论知识而缺乏实践能力的教师队伍，是无法完成高等职业教育的基本任务的。解决这一问题，固然可以安排他们去工程现场进行专业实践或职业岗位培训，但往往阻力重重，效果也不尽人意。如果让这些教师在学校接受实训文化的熏陶，在实训基地进行自我培训，在实训中学和实训中教，相对而言要比去社会上的工程单位或企业学习进步更快。

高职院校加强实训文化建设，还具有沟通校企的功能。在实训基地建设问题上，高职院校为了拓宽建设资金来源，节省投资，提高水平，往往走校企共建、互利双赢的道路。发挥这一功能也是高职院校可持续发展的重要举措。

此外，高职院校加强实训文化建设，在服务社会方面也具有一定的作用。由于实训文化贴近职业社会文化，能够为社会职业培训、岗位技能考核和职业技能鉴定提供新的载体和活动基地。

3. 建立高职院校实训基地文化

实训文化是高职教育重要特色，为了突出这一特色，高职院校特别重视实训基地的建设，使其成为高职院校实训文化中最主要的一种形式。

（1）实训基地的文化建设

人们往往注重建设资金、实训车间、实训设备等问题。实训基地建设的确离不开这些条件，但是基于这种认识去进行实训基地建设，并不可能建设出我们所期望的实训基地。即使实训车间已经落成，实训设备也已采购安装到位，也不见得有实训文化的形成。我们认为实训基地建设的实质是一种特殊的校园文化，是一种满足培养技术应用型人才需要的校园文化，是衡量实训基地建设是否符合要求的重要标准。

为了尽量缩小高职学生实践环境与将来工作环境的差别，高职院校在建设实训基地时，都最大可能地仿照企业真实的生产环境来进行设计。因此，我们讲高职院校的实训基地文化，应当理解为企业仿真的实训基地文化。建立高职院校的实训基地文化，要把这种仿真企业的思想理念贯穿到实训基地的规划、设计、建设与管理等各个环节。企业仿真性是实训基地文化建设的基本原则，也是高职院校实训基地文化的外显特色。

实训教学的主要功能是实现课堂无法完成的技能操作，有目的、有计划、有组织地进行系统、规范、模拟实际岗位群的基本技能操作训练。因此，实验实训基地应当尽可能贴近生产、技术、管理、服务第一线，努力体现真实的职业环境，让学生在一个真实的职业环境下按照未来岗位对基本技术技能的要求，得到实际操作训练和综合素质的培养。

根据这一要求，实训基地建设需要考虑以下问题：

其一，从厂房建筑、设备采购、管理水准、人员配置和要求、标准化以及质量安全等方面模拟或接近职业环境，充分体现生产现场的特点，具有针对性很强的、数量和场地足够的、与社会上实际的生产和服务场所尽可能一致的实训工位。

其二，按照未来专业岗位群对基本技术技能的要求，对学生进行实际操作训练，帮助学生形成专业技能技巧，培养学生的技术应用能力；同时要具有可供操作的反复性，能给学生提供反复训练的机会，使学生在反复训练中不断提高技能熟练程度。在真实的生产环境中培养训练学生，构建与大企业合作共振的"实境、耦合"的培养模式。

其三，实训基地的结构与布局应使先进的设备适用于专业实践教学组织，适合学生的学习特点，并与学生专业能力的提高规律相适应，使实训教学贴近高科技企业的实际，更适应迅猛发展的高新技术对人才的要求，以能力训练为主，淡化原理性验证，突出实用性。对于那些不能搬进实训室的大型流水线和重型设备应进行模块化处理，使之既具备实物的一切特征，又能放在实训室里作为训练对象，既有助于教师的讲解，又能使学生感受到以往课堂上无法感受到的那种职业氛围。

（2）实训基地的任务与社会企业的任务是不同的

前者以实践教学培养人为目的，后者以产品制造利润最大化为目的。从培养人的目的出发，实训基地除对学生进行技能培训外，又是学生见习企业管理的基地。校内外实训基地是两个不同属性的空间，所以具有各具特色的管理文化。

校内实训基地管理文化的形成，要做好以下工作：

其一，仿照公司或企业的生产车间设置管理组织机构和职能部门，采取聘任制。聘任专业教师担任各部门主管，轮流聘任学生担任各部门副主管，明确职责分工，由专业负责人或实训基地负责人担任"模拟公司"的决策者和管理者。

其二，按照企业的运作模式，制定"模拟公司"的各种规章制度。

其三，按照落实生产经营和实训教学两项目标，实行模拟公司的目标责任管理。校内实训基地作为一个模拟的企业，应该有完成实训教学和生产经营两项目标任务，因此在制定实训基地工作目标时，要同时制定实训教学和生产经营两项目标的具体要求。这两项目标是相辅相成，不可分割的，实训教学离开了生产经营管理是不可能真正达到高职教育的要求，生产经营目标离开了实训教学也就没有存在的必要了。要分别完成好这两项目标必须要执行严格的成本核算，无论是实训教学的开支还是生产产品的开支，都要进行严格的成本核算。此外，要协调好生产经营与实训教学的矛盾。

对于校外实训基地的管理，学校与企业要通过签订协议，明确供需关系和条件，以预就业为目标。校外实训基地要设立组织教学的专门机构，负责制定并实施实习计划。学生进入企业实训基地后，按所制定的培训计划和实训教学任务进行实习，在实训过程中，学生要有详细的实习日记，实训结束时由指导教师评定成绩、给出评语。学生在校外实训基地是顶岗培训，所以既是学生，同时又是企业的员工，具有双重身份，需要完成学习和生产的双重任务。

4.建立"对接教育"的实训文化

随着社会主义市场经济的发展，社会人才市场对从业人员素质的要求越来越高，特别是对高级实用型人才的需求更讲究"适用""效率"和"效益"，要求应聘者的职业能力要强，上岗要快。这就要求高职学生在校期间就要完成上岗前的职业训练，具有独立从事某种职业岗位工作所必需的职业能力并取得相应的职业资格证书，实现毕业生就业的"零等待"。因此，许多高职院校选择了职业能力培养与职业资格证书获得的所谓"对接教育"，并逐步形成高职院校特有的一种校园文化。

目前，职业资格体系正在各行各业逐步推行，可以预见今后大凡要进入某一特定行业都必须具备某种资格，方才允许执业。在人才市场上，许多用人单位虚席以待，抱着宁缺毋滥的思想，静候那些持有职业资格证书的应用型人才的到来。就业环境的严峻性使人们不得不将注意力转移到职业资格方面，那么作为现代市场经济中的高等职业教育应当主动地对此做出积极的反应。用"学识（或学历）加上务实的资格（职业能力）"来增加学生在人才市场上的竞争实力，应当是高职院校需要考虑的决策。

职业能力是贯穿于劳动者职业生涯的生存与发展能力。职业资格证书则是由国家有关部门针对不同行业中不同岗位资格的不同要求，通过对有关能力标准进行组合而开发出相应的专业课程，对学习合格者可授予相应的执业资格认证的一种市场准入制度。因此，职业资格证书制度是把教育、培训、就业和企业制度联系在一起的纽带；同时也是把个人和社会、个人和企业联系在一起的纽带。众所周知，高职教育和普通高等教育的最大区别就在于高职学生毕业后有绝大部分直接从事生产、经营、管理和服务的第一线工作。就业是高职教育的主要价值取向，只有"出口畅"，"进口"才能旺。高职教育以就业为导向，实行职业能力培养与职业资格证书对接教育是必要的。

采用对接教育，高职院校需要建立"一教两证"的教育制度。所谓"一教两证"，是指一种教育方式同时颁发学历文凭证书和职业资格证书，让学生在毕业的同时获得职业准入资格，帮助其顺利就业。这是一项深化职业技术教育改革和深化就业制度改革的重大举措。对接教育有望解决"两证"分离、职业教育办学机制僵化、高职院校招生困难、就业渠道不畅、办学效益不好等问题。企业对人才的引进常常不唯文凭，但必须具有较强的动手能力，较丰富的实践经验和应变能力，能较好地处理实际问题，能帮助企业解决比较棘手的难题。这也正是高职教育培养职业技术人才的宗旨，实施学历文凭证书和职业资格证书的"双证制"就能切实体现高职教育面向企业，服务于社会和经济发展的目标。实施对接教育，建立"双证制"，关键在能否让学生在学习期间能够获得职业资格证书。为此，高职院校必须加强实训，而且是严格按照劳动和行业主管部门认定的职业资格要求进行实训。也只有从制度上和技术上给予保证，才有可能形成高职院校"对接教育"的实训文化。

（三）为地方经济社会建设服务，提高校园文化适应性

高职校园文化要反映"地"字，地即地方文化，也可称社区文化、地域文化。中科院院士、宁波职业技术学院院长贺贤土指出："高职教育就是为地方建设服务，为一线解决实际问题的，这是职业教育的生命力所在。"

高职院校必须服务于地方经济社会建设，眼睛要盯着下面。要做到这一点，高职院校就必须了解地方，和地方"打成一片"，切不可封闭自己。陶行知先生指出："不运用社会的力量，便是无能的教育。"高职校园文化与地方文化要形成互动机制，"社会即学校"。了解地方文化，尤其是认识地方文化的特质，对提高高职大学生自身素质，较快地适应工作，融入地方社会很有益处。地方文化包括一地的经济、政治、地理、名胜、人口、语言、风俗、物产、宗教、人物等诸多内容，是丰富的知识宝库。高职院校和谐校园文化反映地方文化，有大量事情可做。为此，高职院校可开设相关的人文讲座，阐发地方文化特色；还可走出校园，深入工厂、街道、农村、学校，通过技术服务、公益活动等，了解区域经济社会建设形势和成就，在实践中直接接触地方文化；还可利用区域文化教育资源，如具有地区特色的风景明胜、博物馆、展览馆等，使之成为校园文化的延伸和拓展。

第二课堂是高职院校重要的育人阵地，也是校园文化传播的纽带。社团活动不但能形成学生的团结合作能力，也显示学生的创造性、能动性。如家电维修中心，为社区和贫困地区提供义务电器维修服务，使学生既得到理论联系实际的锻炼机会，也是接触社会的一个窗口；青年志愿者协会，定期到

敬老院或孤寡老人家中探望和慰问，既增强了学生的社会责任感，也使学生能够深入了解当地社会的社情民意。以校园网、学生社团和各类兴趣小组为依托，以读书节、科技节、体育节、文化艺术节、宿舍文化节等为载体，组织开展丰富多彩的第二课堂活动和课外科技活动，使校园文化活动异彩纷呈，丰厚学风建设的职业氛围，促进学生整体素质水平的提高；通过感受、模仿、实验、安装、维修、制作，以及发明、创造等活动，逐渐养成注意观察、勤于思考、乐于动手的习惯，激发学生浓厚的职业兴趣，诱导学生对专业技术、技能的执着追求。

高职院校和谐校园文化特色是指学校在办学过程中体现的办学理念、治学方略、培养模式、学科水平、教学方法、管理机制、校园文化、人才特色等各个方面独特的、稳定的、公认的传统优势、风格和特征，是一所学校区别于其他学校标志性的特征。高职院校相对于其他院校而言，有其独特的校园文化建设优势，他们更注重逻辑的、辩证的思维方式，注重分析、综合协调的方法论。从某种程度上讲，教学、科研的实践活动影响着校园文化的表现方式。对高职院校而言，经过一定时期的积累后，在已具备良好的科学研究硬件的基础上，科研氛围已逐步成为打造其校园文化所独有的优势。同时，高职院校越加注重将理论成果运用于实践、将科研成果转化为现实生产力，而且在长期的探索中摸索出了一系列的方法和经验，基本具备服务地方经济建设服务的条件。

另外，高职院校还具有理论的自觉应用和创新的优势。与普通高校相比较，高职院校能够更自觉地将在科学实践中的创新精神和创新意识融入校园文化建设中去。同时能更多更快更全面地接受新事物、新思想，更能够兼容并包、兼收并蓄，沿着自然科学的规律，以"唯真理"的务实、创新精神为指导，深入探索，不断总结。

总之，这一系列的"软"件是高职院校构建校园文化最具特色、最为珍贵的因素。为此，高职院校在建设其大学校园文化时，要走具有高职院校特色的道路，遵循"发扬传统、突出特色"的发展原则，避免低水平重复建设。要从本校长期形成的学科特色和特有的科研氛围出发，充分发挥能反映高职特色的价值观念、审美情趣、思维方式等，创办出各具特色的校园精神。以全国大学生"挑战杯""机器人大赛"和创业设计大赛等这些重大活动为契机，进一步培养高职院校大学生的动手能力和创新精神，培养他们的团队协作精神和创业精神。让学术科技文化之花在校园"社团文化园林"中独放异彩，打造成高职院校校园文化的品牌，形成以学生科技文化为龙头，同时带动学风和学术气氛不断高涨的良性循环。

在校园文化建设的过程中，各院校注重从本校实际出发，努力建设富有学校特色的校园文化。如南昌工程学院等一些高校紧紧围绕高等教育人才培养目标，以"三爱"教育为导向，以提高大学生思想政治素质为核心，以培养大学生创新精神和实践动手能力为重点，通过开展科技创新和文化艺术等活动，通过举办校史展览，高职馆，建造杰出校友的塑像，开展校庆活动，请杰出校友回校作报告等多种形式，对激励师生员工继承和发扬光荣传统，提高大学生的科学素养和文化素质，促进学校的改革和发展，起到了积极的作用，同时，经常开展具有高职特色的文化活动，如水文化论坛，水文化专题讲座，使师生在具有浓郁"高职"气息的文化氛围中受到陶冶和提高，从而形成高职特色鲜明的高品位校园文化。

（四）构建和谐的教育管理体系

1.创新是当今社会的重要特征，也是发展高职教育的迫切要求

学校管理模式的创新，是实现教育创新的一个重要保障。教育的现代化要求学校管理模式的现代化，教育创新要求学校管理模式的创新。对高职院校而言，构建和谐的教育管理体系，落实以人为本，是高职教育改革的必然选择。

在学校管理系统中，人是首要的教育管理客体，是整个教育管理活动的中心。校园文化履行和完成的是一种文化使命和文化任务，对人的教育关怀乃是校园文化人本性的实质。以人为本的"人"，不仅指个人，更重要的是指具有共同价值观、道德观和教育精神以及共同目的与协作关系的个人所结合而成的群体，包括全体教职工和学生。随着社会的发展，对人性的尊重已成为社会文明进步的重要标志，也是和谐校园建设的起点。美国著名管理学家德鲁克说："一个有能力管好别人的人不一定是一个好的管理者，而只有那些有能力管好自己的人才能成为好的管理者。事实上，人们不可能指望不能有效地管理自己的管理者去管好他们的组织和机构。从很大意义上说，管理是树立榜样"。落实以人为本，对高职教育管理而言，要求管理者把学生放在首位，给予充分的肯定和尊重，进而建立起现代、民主的和谐的师生关系。在新的教学改革中，学生不再是知识的被动接受者，而是知识的建构者；学校不再是"教育工厂"，而是学习的共同体；教师不再是简单的"传声筒"，而是反思性实践者。可以说，构建和谐的教育管理体系是培养学生的先决条件，是使学生安心学习的法宝。部分高职院校在学生管理上严有余而爱不足，对那些自由散漫、不守纪律、不认真学习的学生采取不管不顾或干脆开除的做法，是违背教育公平原则的，也是不利于和谐校园、和谐社会建设的行为。

高职院校必须从实际出发，改变固有的思维方式，把以人为本的理念作为教育管理改革的重要内容，重构教育管理体系，使教育管理更趋和谐。

高职院校要努力建构和谐的教育环境，关心学生的心理和生理需求，做细致的思想工作；充分调动全体教职工的主动性和创造性，使教职工真正从内心接受管理，同心同德办好学校。高职教育的发展，要求以平面式、网络型的教育管理模式代替那种官僚化教育管理模式。和谐人性化的管理模式，将更有利于高职院校的发展。

高职教育管理要正确处理好激励和约束的关系。对高职学生而言，适当的激励比约束更为有效，更能鼓舞学生，更能形成一种朝气蓬勃、奋发向上的和谐的氛围。当然，还必须建立起约束机制，激励和约束并举是和谐校园建设的必要条件。以人为本也应该体现在对教师的管理中。高职教育的快速发展，出现了办学经费紧张的状况，其福利待遇相对本科院校而言要差一些，教师队伍的稳定性也相对差一些。怎样在留住人才的同时，引进有利于学校长远发展的更高级人才，需要建立以教师为本的管理制度。对新教师要多采取激励手段，如目标激励、荣誉激励、信任激励、情感激励等，多为他们提供一些实现志向和发挥才能的机会，多向教师投入一些感情。只有这样，才能够体现管理上的以人为本，才能够实现校园的和谐。对高职教育的管理者而言，要能以身作则，有容人之量，正确认识求同与存异的关系。一所学校，思想工作做得再细，管理制度再好，矛盾和不同意见总是存在的，教师的思想多种多样，个性也各不相同。管理者要做到大事讲原则、讲求同，不怕得罪人；在小事上要能容人之短、谅人之过。在处理事情上能形成一个既有全局的同、又有局部的异，既有整体的统一、又有个性的发展的良好局面。学校管理者肩负着促进学校和谐发展的使命，因此，学校管理在完善规章制度的同时，更要重视以人为本，努力满足主体发展的需求。

2. 以有效地管理为突破口，培养良好的校风教风学风

《中共中央国务院关于进一步加强和改进大学生思想政治教育的意见》中指出：校园文化具有重要的育人功能，要建设体现社会主义特点、时代特征和学校特色的校园文化，形成优良的校风、教风和学风。

校风是学校长期育人实践所积淀的共同心理定势、心理特征、行为规范和精神追求，并为全体师生所认同，对大学生起着统一思想、凝聚人心、理顺情绪、振奋精神的作用，是高职院校校园文化的综合反映。优良校风的培养，需要经过认识的提高、情感的体验、意志的努力、行为的锻炼才能逐步养成全体成员共同的习惯和风尚，形成学校统一的舆论和风气，我们要注意校风养成的特点，从一点一滴培养起，持之以恒，反复强化。

良好的校风、学风作为一种无实物形体的校园文化环境，只有置身于健康向上的校风中，通过耳濡目染和内心体验，大学生才能得到心灵的感染、情操的陶冶、哲理的启示，学校的德育才能内化为大学生的思想和品格。而建设优良校风，就必然要求建设优良的教风和学风。因此，建设优良校风，学校应该从教风、学风建设这两个方面入手，做到"双管齐下"。

（1）构建和谐的教师文化，形成优良的教风

教师文化的蓬勃发展是富有生命力校园的显著特征。目前，全球教育界普遍关注教师成长，激励教师寻找成就感的倡议被广泛提出。良好的教风为教师发展创造了适宜的氛围，教师的发展动机和目标十分明确。这样能极大促进学校的创新能力和活力，营造积极向上的氛围。教师要做到的就是为人师表，所以要对学生做真实的表率。教师的言行对学生品德的形成起到至关重要的作用。优良教风不仅表现为渊博的知识，严谨的教学态度，教师还要做到用一言一行来影响自己的学生，促进学生和谐、健康地发展。

高职院校在构建教师文化方面应做到以下几点：

第一，着手实施"凝聚力工程"，通过各种形式，发挥各种组织的不同作用，抓住机遇，根据需要开展各种活动来凝聚人心，使每个教职员做到以校为家。

第二，给每一个教师成功的机会，让每一位教师在学校中找准自己的位置，获得成功的喜悦。教师有了"乐教"的动力，就能刻苦钻研业务，提高自身素质，促使自己从"乐教"向"能教"发展。

第三，必须关注教师的生活，改善教师的生活方式和生存状态，这也是校园文化建设的应有之意。

第四，必须强化师德教育，制定完善教职工工作行为规范，加强师德师风教育，使教职工真正做到"敬业乐教""教书育人""春雨润物""严于律己"，努力建成"严格、规范、创新、求精"的优良教风。

（2）构建和谐学生的文化，形成优良的学风

优良的学风和学习环境是学生健康成长的前提。除了学生的学习文化外，学校的每一个橱窗、每一面墙壁、每一棵树、每一盆花都能够成为激励学生成长的好教材，折射出文化环境对学生的健康成长所起的作用。学生在学习过程中不仅继承了文化，也创造了文化。校方应该千方百计为学生营造良好的学习氛围，培养优良的学风。为了养成学生良好的学习风气，学校要培养学生良好的学习习惯，掌握与人沟通的技巧，培养与人合作的精神，塑造健全的人格，从而养成良好的行为文化习惯，让学生体验到学习带来的快乐。同时，还要利用一切可挖掘的因素，为学生创设文化氛围，如国旗、校风、

学风、名人画像、名言警句等，时时刻刻鞭策学生热爱祖国，为中华之富强而努力读书。举办艺术节、科技节、作品展等活动及各类比赛，给学生提供展现自我风采的舞台，让校园形成有特色的、和谐的、健康的育人氛围。

3. 加强激励机制，健全评价体系

管理学认为：人的积极性是以需要为基础的，动机是调动人的积极性的直接动力，目标则是调动人的积极性的诱因。大学管理能否充分调动师生员工的积极性，是衡量一所大学管理成败的重要标志。具体来说，应该注意以下几方面：其一，加强目标激励，调动各方面的积极性。学校要将目标管理的客观要求变成教职工个人的努力方向，在目标的激励下，使师生员工为实现这个目标而精诚团结，创造性地开展工作，从而实现预期的目标。同时，在具体工作中要始终遵循"整体管理、过程管理、层次管理"的原则，在整体目标确定的前提下，进一步细化学校内部各科层组织的职责，努力达到学校管理的系统化。其二，健全评价体系，提高管理的实效性。教师的劳动是一个复杂的创造性劳动，很难用统一的模式来衡量和评价。每个教师都有其自身的特点和优势，只有发挥个体特长，相互配合，相互补充，学校工作才能有条不紊地开展和运行。在评价过程中，要注意采取定量与定性相结合的做法，既要考虑教学成果多少、科研论文的数量等，又要考虑教师教育效果、教育思想、教育艺术及教学作风等。评价教师的工作，还可根据对教师工作过程的考查、对教学效果的综合印象加以评述。总之，学校在管理中要重视教师的能力、效率和工作绩效，给予教师全面、客观的评价，满足教师的自尊心、荣誉感和成就感，充分调动教职工工作的积极性。

（五）发挥网络优势，推进文化

大学生网络文明现状是制约当前高校和谐校园建设的一个瓶颈，如何加强和改善大学生网络文明状况是每一位高校德育工作者面临的一个重大而现实的理论课题。网络文化使得高校德育工作面临的社会环境更加复杂，但同时也为高校德育工作的开展和完善创造了新的契机。网络文化不仅改变着当代大学生的学习、生活方式，也强烈冲击着他们的思维方式，并使高校德育面临新挑战。为了提高对网络文化建设紧迫性的认识，利用网络弘扬社会主义主流文化，国家启动了网络文明工程，优化学校育人环境，及时引导大学生健康成长。

1. 培养学生的上网意识，普及网络知识

开设新兴学科选修课，加快高职院校网络文化建设。学生都反映影响自身上网积极性和效率的主要障碍，是对网络缺乏详细的了解，而目前一些网络知识讲座，因缺乏系统而得不到很好的效果。

如网络群体的特点及其与现实社会的关系，学生的思想特点及其对网络行为的影响，网络伦理道德建设，网络规则与法制教育等。通过各种教育形式帮助大学生树立正确的网络观和网络道德，培养良好的思维方式，提高识别信息、认识信息的能力，学会创造和传播信息的知识和技巧，并了解如何利用信息资源来丰富和发展自己。

2. 建章立制、严格管理建设校园网络文明

高职院校要结合校园网建设和学生实际情况建立和健全一套校园网络管理体制，以保障正常的校园生活和教学秩序，这包括校园管理制度检查制度筛选制度、值班制度、汇报制度和岗位责任制等。

3. 面向社会、认真建立好自己的富有特色的校园网

一方面建立网上德育数据库，使思政工作占领网络。另一方面，建立大学生关注的热点焦点问题讨论专栏，利用网络的交互性上载有关资料，解答同学们的疑问，允许不同意见之间开展讨论。针对热点、难点对其进行引导及时抓解矛盾，及时澄清某些网站上的不符合事实和是非不分的观点。

4. 开展丰富多彩的网上科技文化活动

创办网上电子刊物，反映大学生的学习生活和课余文化生活，形成浓郁的网上校园文化氛围，使丰富多彩、生动活泼的形式与正确健康积极向上的内容有机地完善地结合在一起，吸引学生的注意力，感染和影响学生，同时开展网页设计大赛、网上优秀作品展播、网上辩论赛等激发学生的想象力创造力的活动。

对于高职院校而言，网络的发展和运用有其优势，是建设校园文化、培育有特色校园文化的有利工具。因此要充分利用好网络技术，加强文化素质教育，营造健康的校园文化氛围，加强文化理论学习。学校要加强校园网站的建设，建立好教辅服务为主的红色思想教育网站及学生工作网站，积极发挥校园网络的正面引导作用，使网络真正成为沟通师生的桥梁，科技创新的平台和文化素质教育的重要阵地。

（六）构建和谐的教育环境

1. 营造和谐的校园人际环境

和谐社会并不是单一的，而是包含人与人之间的和谐、人与社会的和谐、人与自然的和谐三个层次，其实归根结底说的都是人与人之间的和谐。和谐校园文化的创设，很重要方面是创设教师与学生之间的民主、平等、和谐的师生关系。师生之间应该是相互合作、相互尊重；分享彼此的思考、经验和

结果，交流彼此的情感、体验与观念，实现教学相长与共同发展。师生关系和谐，学生才会亲其师，信其道，才会朝着教师期望的方向发展。同学之间应该是相互尊重、相互激励、互相学习、平等互助、共同进步的关系。教职工之间应该是和谐发展，人格完善，共同完成育人使命的关系。

在和谐校园文化的构建中，校领导作为协调各种利益关系，维护各种人际关系的主导，要坚持依法治校和以德治校相结合。管理模式科学治校、民主治校，鼓励教职工为学校建设和发展建言献策。要始终抓好执行党的教育方针这件大事，始终做好充分调动教职员工积极性这件大事，始终干好深化教育改革这件新事。在围绕这三件要事的前提下，充分尊重民意，善于广集民智，使学校的政策更加科学合理，管理更加规范高效。要积极引导教职员工相互理解、相互支持、积极工作、追求卓越，不断提高教育质量和办学效率。要引导师生员工改善关系，确立一种人人参与管理的理念。构建和谐校园文化，每位师生都有责任，谁也不应该把自己置之度外。如果每个人都能以身作则，从自我做起，而且能善待他人，同情和帮助弱者，抵制和对抗错误行为，学校自然会形成和谐的文化氛围。

2. 营造和谐的校园自然环境

校园环境建设是学校精神文明建设的窗口，同时，也是学校日常德育的载体。优美的环境氛围、高雅的校园文化，给人以奋进向上的力量。它不仅有助于学生的学习和健康，而且在潜移默化中能提高学生对美的感知能力，对学生的发展起着相当重要的作用。"它不需要任何抽象的理智形式，像知识灌输一样，像道德说教一样，像行政命令一样，像法律制裁一样，从外面强加于人。它像空气一样包围着受教育者，让他不知不觉而有自觉自愿地去感受，去体会，从而心甘情愿地接受教育"。正如苏霍姆林斯基所说："校园应该像伊甸园一样引人入胜，要让每一面墙壁都会说话。"为此，我们可利用学校的高雅建筑，做到合理布局，如将红花绿叶点缀亭廊之中，充分凸现了"绿化""美化""园林化"的特色，使校园一年四季绿色常驻，花开不断。师生在这样美好和谐的环境中学习、工作和生活，自然是身心愉悦，倍感舒适。在构建和谐校园物质环境的同时，还不忘突出整个校园的人文内涵，如可在围墙上布置"学会思考，善于创新，学会共处，善于协作"，"全员发展，全面发展，个性发展，和谐发展"，"学高为师，身正为范"等醒目的标语。另外，在校园的绿地花圃中，还可以书写着中外名人警句的标牌等。当师生员工置身于优美的校园物质环境中，就像呼吸空气一样，把从四面八方吹来的美的风，吸进自己的肺腑，渗入自己的血液，从而使自己的心灵得到净化，人品美化，感情高尚化。

所有这些都使师生在耳濡目染之中既得到了美的熏陶，又得到了心灵的净化。校园自然环境还应该包括学校的安全工作，只有具备良好的治安环境的校园才能够被称为环境优良的学校。通各种形式大力加强安全教育，提高全体师生的安全意识和生存的能力。

3. 营造和谐的校园物质环境

物质环境它是校园文化的物质性载体，也是校园文化赖以产生、发展的基础和骨架。但是，"人化"的物质环境不等于"美化""优化"，如何使校园建筑、教学设备、文化基础和生活设施等有机结合，这是校园文化建设应注意问题。

（1）教学、生活和文化设施要相对完善

教学与生活设施的建设是学校教育赖以存在的最必要的条件之一，但鉴于我国的国情和各校的实际，不能脱离实际，强求一律。应写好校史，做好校史陈列室建设，设计好教学场所、图书馆，完善教学设施，优化学习环境，不断满足大学生学习成才的需要。规划、建设好大学生文艺、体育、科技活动场所，完善校园文化活动设施，各高等学校都要创造条件建设大学生活动中心，为开展校园文化活动提供必要的场地和条件。加强校报、校刊、校内广播电视、校园网、宣传橱窗等的建设，发挥宣传舆论阵地在校园文化建设中的更大作用。

（2）校园建筑的实用和审美有机结合

校园建筑是校园文化最直观的表现形式，一般由教学楼、办公楼、宿舍、食堂和图书馆等构成。在可能的条件下，一切校园建筑除了牢固和结构合理外，同时应当是一种独特的艺术品，对营造校园文化有着特别的意义，在设计校园建筑时，不仅要强调实用性，还要注意审美功能。

（3）要注意软、硬工程的有机结合

近些年，很多高校决策者不同程度地加强了硬件方面的建设，这固然是正确的，但不同程度地忽视了校园物质环境建设方面的软件建设，如不重视环境卫生的整理，不重视绿化美化及配套措施等。要营造和谐的校园物质环境，应加强软环境的建设，确定校训、校歌、校徽、校标，提倡大学生牢记校训、学唱校歌、佩戴校徽、使用校标。做好绿化美化工作，使校园的山、水、园、林、路等达到使用功能、审美功能和教育功能的和谐统一，用优美的校园景观激发大学生的爱校热情，陶冶大学生关爱自然、关爱社会、关爱他人的美好情操。要在公共场所布置具有丰富内涵的雕塑、书画等文化作品，营造高尚健康的人文景观氛围。要组织大学生广泛参与校园楼宇、道路、景点的规划、建设、命名以及管理工作，增强大学生对校园文化环境的认同感。

第二节 高职院校学生管理

强化高职院校学生管理是建设和谐校园的必然要求，随着社会主义和谐校园建设的进一步落实及高等职业技术教育的迅速发展，传统的高职院校学生管理工作也将面临更加严峻的挑战。本节就是在这样的背景下，分析了目前我国高职院校学生管理工作中所普遍存在的问题，并就如何开展高职院校学生管理工作提出了一些看法。

一、高职院校学生管理相关概念及理论基础

对高职院校学生管理进行深入分析，首先要明确高职院校学生管理的相关理论概念，清楚什么是高职院校教育，高职院校学生管理含义，高职院校学生特点，对相关概念的明确界定是高职院校学生管理研究的前提。

（一）高职院校学生管理的概念

1. 高职院校

高职院校教育是高等职业教育的简称，可以进一步简称为"高职教育"。1999 年教育部将高职教育明确为高等职业教育，是高等教育的重要组成部分。当时设定高等职业教育是以培养一大批具有必要的理论知识和较强实践能力、生产、建设、管理、服务第一线和农村急需的专门人才为目标。它的前身是职业大学、独立设置的成人高校和部分高等专科学校，通过对它们进行改革、改组和改制，逐步调整为职业技术学院（或职业学院），同时，国家支持本科高等学校举办或与企业合作举办职业技术学院（或职业学院），允许省、自治区、直辖市人民政府结合实地情况举办综合性、社区性的职业技术学院（或职业学院）。

2006 年教育部《关于全面提高高等职业教育教学质量的若干意见》指出：高等职业教育作为高等教育发展中的一个类型，要以服务为宗旨，以就业为导向，走产学结合发展道路，为社会主义现代化建设培养千百万高素质技能型专门人才，坚持育人为本，德育为先，把立德树人作为根本任务。积极探索校内生产性实训基地建设的校企组合新模式。2012 年，为响应教育部构建现代职业教育体系的规划，部分国家示范性高等职业院校开始试办本科层次的专业，因此，目前，我国高等院校教育包括本科和专科两个学历教育层次。

2013 年十八届三中全会提出：加快现代职业教育体系建设，深化产教融合、校企合作、培养高素质劳动者和技能型人才。

根据我国高职院校教育的发展历程，笔者总结我国高职院校教育有以下几个特点：一是高职院校学生的培养是以适应社会需要为前提，培养具有专业技术能力和高素质文化能力为方案，毕业生具有应用能力强、理论知识牢、技术知识面较宽等特点。二是以企业实际操作设置教学课程和内容体系。三是重点培养学生实际动手操作能力，并在教学计划中占有较大比重。四是注重"双师型"（既是教师，又是工程师等）教师的培养，提高高职院校教学质量。五是发展学校企业相结合、师生与实际操作相结合、理论与实践相结合的培养途径。这些特点正是对高职院校的内涵进行了深刻的描述。概括来说，高职院校教育是高等教育的一个类型，以服务为宗旨，以就业为导向，走产教结合、校企合作的发展道路，坚持立德树人的根本任务，为国家经济社会发展培养高素质的技能型人才。目前，我国高职院校有三种类型：第一类是公办高职院校。这类院校招生数量大，办学时间长，在职业教育与就业上有一定优势。第二类是民办高职院校。国家承认学历，不过学费较高。第三类是本科院校的高职专业。这其中一部分是 211 重点本科院校，还有一部分是市属高校。

2. 学生管理

在我国，对于大学生管理含义的理解，最初有学者认为大学生管理工作就是指对大学生思想政治的教育管理，也就是德育教育管理；也有学者认为大学生管理工作就是行政性管理工作，也就是大学生日常管理工作。2005 年教育部颁布的《普通高等学校学生管理规定》中将学生管理分为学籍管理、校园秩序与课外活动和奖励与处分四个组成部分。其中学籍管理指入学与注册，成绩考核与记载办法，升级与留、降级，转系（专业）与转学，休学、停学与复学，退学，毕业；课外活动指学生社团、文娱体育、勤工俭学、社会活动。从规定中我们不难看出它是一种以行政性管理为主要内容的学生管理。然而随着社会环境的变化，大学生管理工作也从最初的大学生德育管理或行政性管理向更广的"学生管理"过渡，广义的大学生管理不仅包含思想政治教育、行政性服务，更包括心理健康教育、勤工俭学、就业指导等服务和指导性工作。在已经出版学生管理方面的论文和编著中，胡志宏认为："学生管理工作是指那些直接作用于学生，由专门机构和人员从事的、有目的、有计划、有组织地发展、养成、提高学生政治、思想、品德、心理、性格素质和指导学生正确地行为的教育、管理和服务工作。"国内学者蔡国春认为："高校学生管理是高等学校通过非学术性事务和课外活动对学生施加教育影响，以规范、指导和服务学生，丰富学生校园生活，促进学生成长、成才的组织活动"。

笔者认为高校学生管理是高校以培养人才为中心，按照教育方针的要求，遵循教育规律，围绕学生的健康成长、全面成才进行的一系列有组织、有计划的教育、规范、指导、咨询、服务工作，使学生在德、智、体、美等方面得到全面发展，成为社会主义事业的合格建设者和可靠接班人的过程。

3. 高职院校学生管理

综合对大学生管理的界定，结合笔者高职院校学生管理工作的实践经验，笔者较认同高职院校大学生管理是指：高职院校为了实现人才型、技能型学生的培养目标，按照国家的教育方针和各项政策法令，对学生在校期间，从入学直至毕业，在校内外的学习和活动进行计划、组织、协调、控制的总称。它是教职员工组织、指导学生，按照教育方针的规定，有目的、有计划、有组织地对学生进行各种教育、管理和服务，使学生都得到全面发展，特别是教育和培养学生具有一技之长的特点，一切为了学生，为了一切学生，为了学生一切而进行的活动。

随着教育环境的变化，高职院校大学生管理的对象有了很大的变化，这要求高职院校大学生管理工作内容更加丰富化，从传统的学籍管理、档案管理、宿舍管理等日常行政事务管理之外，还应该加大德育教育管理、心理健康管理、勤工俭学管理、就业指导管理等相关内容。高职院校大学生培养目标是"双证化"，即具有高素质文化的同时，也要具有专业技能，因此对学生的实践动手能力有着较高的要求，这样校中企、企中校的企业化管理模式更适应当今高职院校的发展，因此高职院校大学生管理就不仅限于校园内部，而是延伸到实践的企业中。社会实践和社会服务管理也就成了高职院校学生管理中的重要部分。

（二）高职院校学生管理特点

1. 高职院校学生特点

（1）思想与性格特点

根据问卷结果分析，受调查者中，68.1%的人赞成高职院校学生大多思维活跃，敢于追求和探索新事物的说法。69.4%"非常赞同"或"比较赞同"学生大多成长目标不明确，理想不坚定。此问题在访谈中亦找到原因，在"您认为高职院校学生区别于本科院校有哪些较突出的思想性格特点？"一题中，被访谈者普遍认为高职院校学生层次参差不齐，社会对高职还存在一定的偏见，导致学生自身期望不高，容易出现自卑甚至逆反心理，求知欲和上进心相对缺乏，因此对成长目标更是模糊或不坚定。这是区别于本科院校学生最突出的思想性格特点。

学生大多对于问题能较轻松的表达自身意见和看法的调查中，虽有45.4%的人"非常赞同"或"比较赞同"，但不确定的占了37.7%较高的比例，16.9%的人持反对意见。访谈中"您眼中的高职院校学生对社会热点问题的分析能力如何？"被访谈的教师和学生都认为高职院校学生思想比较开放，对于社会热点问题虽能轻松表达意见和看法，但这些意见和看法大多都是表面的，学生对问题缺乏深层次的分析能力，表达亦难以深入，思想深度和广度仍较缺乏。

（2）学习特点

由于高职院校生源较复杂，除了高中毕业生外还有不少中专和职高毕业生，也有少数五年一贯制高职生，入学分数普遍较低，因此文化基础相对薄弱，系统知识较缺乏，厌学现象也较多。81.3%的人"非常赞同"或"比较赞同"学生的学习和成长计划经常会因为自控力不足而无法完全实现。

在高职教育强调实操能力的锻炼和实践影响下，45.1%"非常赞同"学生大多不喜欢长时间的、连续性的、理论性的学习；45.4%的人"非常赞同"专业学习之外，学生更喜欢在活动中和实践中去学习和成长。对这两种说法表示"比较赞同"的也分别占了40.4%和44.3%的高比例。

（3）行为特点和生活方式

随着中国经济的进一步发展，以及"大众创业，万众创新"的背景影响下，高职院校学生的生活方式和行为特点也随着发生改变。86%的人都赞同学生大多不喜欢被约束，喜欢自由的选择学习和生活的方式。72%的人"非常赞同"或"比较赞同"学生的课余生活中班集体的概念越来越被淡化。85.5%的人都认为高职院校学生的人际交往圈不断扩大，越来越不局限于校园内。

访谈中就"您认为现在的高职院校学生在行为特点和生活方式上较之以前有哪些变化趋势？"的问题中也了解到，该校本地市生源占了半数之多，假期与周末基本不在校园内活动，大多活跃于校外的各种社交、娱乐和实践场所，而此举亦影响到校园的课余活动氛围，导致学生对班集体的观念越来越有弱化趋势。学生在行为和生活上的自我约束力和自控力较差，心理素质也普遍较差，容易受社会不良风气的影响，随着物质生活越来越优越，学生普遍缺乏吃苦耐劳和集体合作精神也是不少受访者所提到的。

（4）参与社团特点

随着高职院校学生的交际圈子不断往社会各个领域扩大，校园内活动也不仅仅拘泥于学生的自娱自乐，越来越多的商业元素在校园活动中体现，特别是带有特定标识性的学生社团活动更能吸引到更多的社会力量参与，更能吸引学生的关注，加之校园内的各种学生活动大多集中于正常教学时间中的平日课余，因此校园活动显得格外多样和广泛，学生在校时间可选择的课余活动多了，用来参与的班级活动的时间自然就越来越少。受访者中72%的人都赞同这一说法。

传统的班级是按专业教学由学校划分，其管理大多按照行政意志上传下达，以权威式管理为主，班级活动大多以自娱自乐和专业实践为主，容易陷入一成不变的状况。因此60.1%的人都认为比起班级活动，更愿意主动参与社团活动。27.2%的人对此选项感觉到不确定，12.6%的人表示"比较不赞同"或"非常不赞同"这一说法。此说法"不确定"和"不赞同"比例较高的原因在访谈中找到了答案，受访者普遍认为高职学生参与社团活动的热情度是非常高的，因为学生喜欢在感兴趣的活动中展现自我和肯定自我，但近年来的社团举办的活动往往开始非常热闹，到了中后期其质量和参与度都走下坡路，主要在于校内的社团管理力度不够、指导教师缺乏、制度不完善、资金不到位等原因造成的，这就影响了一部分学生参与的热情度。

2. 高职院校学生管理特点

（1）管理理念

根据调研结果的分析，受调查者中仅10.6%、5%、7.9%的人分别"非常赞同"学校重视学生管理工作、有"以生为本"的管理理念、有完善的学生管理激励和考核机制。但30.1%、36.1%、31.7%的人都表示"不确定"以上三种说法。后通过分析得出由于参与本次问卷调查的人中80%以上都为学生，学生普遍对学校所采取的学生管理理念较为陌生，因此导致问卷中的不确定比例过高。对于此维度的问题在访谈中得到了比较客观的意见。

受访谈的学工处领导、二级学院党总支书记以及工作经验丰富的辅导员老师们都指出面对当下社会新形势，珠海城市职业技术学院亦在全方位努力提升办学水平，对于学生管理工作也越来越重视，强调"以生为本"的工作理念，不断地改进工作方法，寻求学生管理的制度创新。但在实际运行中却出现思想认识不统一的现象，个别领导和行政部门不重视学生管理工作，传统的权威式管理和行政化现象仍未改变。部分专职教师只顾自身教学，对学生管理工作不屑一顾，对学生的成长激励、考核机制、综合素质提升等工作显得事不关己，认为凡是学生的工作只跟学工队伍有关。

（2）管理方式

由于传统的分专业、班级的学生管理模式已被沿用多年，班级管理已成自然和习惯，因此 62.5% 的人都表示赞同分专业、班级的学生管理模式能最好的关注到每个学生成长成才这一说法。但其中只有 13.2% 的人表示"非常赞同"，25.6% 的人表示"不确定"，9.5% "比较不赞同"，2.4% "非常不赞同"。对于"学校能较好地依据制度进行学生管理。""能实际了解学生存在的各种问题"这两种说法表示"非常赞同"和"比较赞同"的比例均不过半数，35.6% 的人认为学校不能实际了解学生存在的各种问题，表示"不确定"学校能实际了解学生存在的各种问题的人也占了 40.4% 的高比例。

对于这样的调查结果笔者对传统的班级管理模式的效用产生了疑问，于是在访谈中着重了解受访者如何评价现有的班级管理模式。受访者纷纷指出在这种传统的学生管理方式下，出现的很多学生管理问题已被大家关注。学生管理工作者特别是学生辅导员，他们日常疲于处理各种学生事务，难以真正满足学生的情感和心理需求，强制性、行政化、经验式的管理方式越来越不奏效。

（3）师生沟通

调研中 38% 的人表示"不确定"学生管理沟通渠道足够，21.9% "比较不赞同"有足够的沟通渠道，表示赞同的也不过半数。访谈中着重关注受访者对于学生与学校之间的沟通渠道的问题，受访者几乎都提到目前校内生校间的沟通渠道几乎为零，学生直接与学校中层以上领导沟通的机会极少，参与学校管理的机会更是为零。在师生间沟通方面，受访者认为专职教师上完课即走人的现状大大妨碍了师生间的进一步沟通。而教师运用学生理解和接受的沟通方式，恰到好处的运用鼓励和批评方式也有待进一步提升。

（4）社团在学生管理中的作用

超半数以上的人都认为社团在高职院校的学生管理工作中能起到积极的作用，如：社团有较多的机会让学生走进社会，服务社会，增强社会责任感觉；比起学生会、团委，社团的参与人数更多，更锻炼学生的自主管理能力等。表示"不确定"的比例仍然较高，分别达到 30.9%、26.1%、30.6%，这也表明对于社团在学生管理中发挥的积极作用还有很大的提升空间。

在访谈中关于"您认为社团在学生管理中起到的积极作用能否进一步扩大？"的问题被全数受访者予以了肯定，并表示学生管理工作应该加大力度把社团的积极作用发挥出来，从而改变传统学生管理模式呈现出来的疲态趋势。

二、高职院校学生管理的现状

（一）高职院校学生管理成效

我国高职院校经过 30 多年的发展，已经形成了一套比较完整的学生管理体系，其中，在思想政治教育、心理健康教育等方面也有一定的成效。

1. 加强思想政治教育

思想政治教育是高职教育的重要内容，思想政治教育的成败关系到人才教育的成败，高职院校学生培养的目标就是"立德树人"。

目前我国高职院校学生的思想政治主流是积极向上的，绝大部分学生思想端正，能紧跟时代步伐，崇尚正能量，但我们必须认识到，学生在深层次问题的理解上都或多或少存在偏差，甚至有些学生个性化思潮、功利化行为尤为明显，主要表现在：一是政治热情不高，对政治时事了解甚少。笔者在党课调查访谈中问及"十八大常委有几人，分别是谁"时，在场的 324 名高职学生仅有不到 10% 的人通过思考能回答出问题，由此可见当代高职院校学生对政治的冷漠程度。二是传统的德育内容知之甚少，对于经典的德育故事了解不多。过去的中国教育过分强调分数作用，忽视了基本道德教育的普及，很多学校仅将思想品德课本发到学生手中，而不去进行讲解，同时过分的唯分主义也使得家长只注重学生的智育发展，忽略了德育教育，最终当学生被问及你所认为的美德有哪些时，很多学生仅能回答出 5 个以内。三是价值观、人生观存在偏差。过去的 30 多年里，在中国各种思潮发生了激烈的碰撞，90后高职学生正是伴随着这种思潮涌动而成长起来的，他们对人生观、价值观的理解千奇百态。四是理想信念缺失，很少有学生能回答出他的理想是什么。笔者通过问卷的方式对高职院校学生发放了 1500 份调查问卷，其中能明确填出自己理想的达 72.3%，而对于信念的回答仅为 24.7%。五是个人价值取向扭曲。在"高富帅""白富美"当前的今天，社会充斥着"金钱"的味道，在成长的过程中，很多学生也将权力与金钱看成是衡量自我价值的标准。

面对高职院校学生这样的思想政治状况，目前，我国高职院校的思想政治教育一般采用以下四种途径进行解决，首先，以辅导员的谈心谈话为主的思想政治教育。由于高职院校学生的思想政治觉悟相对较低，这样辅导员在高职院校学生思想政治教育中起到不可忽视的作用。其次，"两课"教育，即马克思主义理论课和思想品德课。再次，院校党课理论学习的方式进行教育，现阶段我国高职院校的党课教育也是思想政治教育的一个主要途径，有将近一半的学生参加过党课系统的理论学习。最后，以团委、学生会为主的学生自治管理教育。

2. 注重心理健康教育

近十多年来，中国经济进入快速发展时期，社会人的压力逐年加大，与之相伴成长起来的 90 后心理健康问题已经凸显。一些调查发现，大学生心理健康状况令人担忧：在一所全国著名的高等学府里，两年内就有十几个学生因严重的心理疾病而休学或退学；一项以全国 12.6 万名大学生为对象的调查显示，20.23% 的人存在不同的心理障碍。对于高职院校学生这个群体来说，问题更为突出，主要表现为：环境适应不良、自我管理困惑、人际交往障碍、交友恋爱受挫、考试紧张焦虑、求职择业矛盾、人格发展缺陷、情绪调节失衡和经济困难压力等共性问题。笔者所在辽宁某高职院校今年的大学生心理健康状况调查显示，有 31.2% 的学生存在着不同程度的心理问题，其中有近 10.6% 的学生存在着明显的心理障碍，而且有心理障碍学生人数逐年增加趋势。心理健康问题的蔓延，在一定程度上给高职教育的发展造成负面影响。学生的心理健康问题主要集中在强迫、人际敏感、偏执、敌对、抑郁和轻度妄想。

目前我国高职院校的心理健康教育主要通过以下三种方式进行：一是公办高职院校设有心理咨询机构，有专业人员为学生提供心理咨询。二是部分高职院校内部设有心理课程，除了由专职心理人员讲授课程以外，辅导员在工作中也需要加入一些心理团训课程，让学生在轻松愉悦的氛围下舒展紧张的心理情绪。三是几乎每个高职院校都有由学生组建的心理协会，通过同龄人之间的相互帮助，使学生走出心理困境。

3. 组建学生管理队伍

据调查，中国大部分高职院校学生管理组织中，学院领导对学校学生管理工作全面负责，以校团委、学生处和招生就业处为总指导，工作全面落实到各院系中，院系里则以分管学生工作的副书记或副院长为首，学生干事、辅导员和班主任为主要管理负责人进行学生管理工作。

调查发现，目前我国高职院校学生管理人员普遍呈年轻化趋势。以某高职院校为例，在院领导带领下的四级学生管理体系中，学生管理人员共 104 人，其中 50 岁以上 3 人，40~50 之间 5 人，30~40 之间 21 人，30 岁以下 75 人。

很多是刚刚毕业就直接来校参加工作的年轻管理人员。他们在经过简单的岗前培训后，就开始担任辅导员及班主任的工作。一方面，他们是学生管理人员中的新鲜血液，在工作中有热情、有想法，常常有意外惊喜。他们与学生年龄差距不大，便于交流沟通，容易和学生打成一片，当出现问题时，学生也更容易接受他们的分析指导，有利于学生管理人员帮助学生走出心理困境。另一方面，学生管理队伍的年轻化，不可避免带来学生管理经验的欠缺。年轻的学生管理人员在进行管理的过程中，相对从事学生管理工作时间长的老辅导员来说，工作的方式方法上都有些欠缺，同时，年轻化的管理人员易于急躁，遇事不够冷静，当学生出现问题或和学生发生矛盾时，不能站在一个正确的立场上看待和处理问题，往往容易激化矛盾，使得事态得以扩大化。

（二）高职院校学生管理中存在的问题

随着我国高职教育进入一个高速发展时期，高职院校学生管理工作也相应地进入新阶段、面临新问题。传统的高职院校管理方式已经不能适应时代变化，学生管理工作中的突出矛盾长期存在。

1. 学生管理观念落后

首先，思想认识不统一，很多高职院校将精力放在招生和就业上，对学生管理工作缺乏统一认识，普遍存在着重业务，轻政治的现象，不重视学生管理工作。

任课老师和教育辅助人员对学生管理的重要性认识不足，一般只将课堂上的授课或自己管辖工作完成即可，认为学生管理、教育仅仅是学生工作处、团委、辅导员等某些职能部门和特定人员的事情，没有形成"全员育人"的理念。其次，学生管理工作时效性差，随着学校制度的完善化，学生管理工作者的任务也在不断加大，似乎什么都在管，每天都有很多行政性的事物需要处理，而辅导员、班主任又是学生教育的最亲近层次，所有工作都汇聚到辅导员手中，导致他们疲于应付，没有时间研究学生管理规律和进行思想政治教育。工作中欠缺指导性，没能深入学生的思想。行政式、家长式的管理方式，对学生的批评多、鼓励少，工作多、认同少，不善于运用电子邮件、QQ 聊天、微信、博客等现代化的方式和学生沟通交流，导致学生不理解或仇视学生管理者。这样必然会导致学生对抗制度，增加学生管理的难度，影响管理的时效性。再次，管理体制不合理，学生管理中，管理层次不明、职责不清，管理权限没有下移。学生处、团委和招生就业处为学生管理工作作出宏观指导，没有把管理的职责和权力彻底交还给系院，在工作处理中仍采用直接处理的方式。让辅导员、班主任和学生干部在工作中无从下手。

2. 学生管理工作队伍不稳定

改革时至今日，教育事业的人员体制改革基本完成，高职院校中学生管理人员性质也发生很大变化。首先，高职院校学生管理工作是学校中最繁琐、最累心的工作，有多少学生，就有可能出现多少问题。因为高职院校的学生素质相对不高，使得学生管理工作者在工作中总是处于一种神经高度紧张的状态，而且还要有很好的体力去处理学生问题，这样，高职院校各层次的学生工作管理者相对同一层次管理者来说，多是年龄较为年轻的人去担当。但随着年龄的增长，当相对年轻的管理者不再年轻时，他们会转到其他的职位去做，这样又会有新的年轻管理者接替原来的位置。其次，传统高职教育中，辅导员和班主任基本上都是国家事业编制人员，然而，由于教育改革中人员编制的缩减和高职院校扩招等原因的出现，使得我国高职院校中的编制都用在了专业教师的招聘上，学生管理人员很多都是聘任制人员，他们和单位签订用人合同，一般是 1 年签一次。这样的结果是很多辅导员在做学生管理工作时，只是把学生管理工作当成一个暂时存身之处，当成工作经验的积累，一方面，他们应付对待现在的学生管理工作，另一方面，他们绝大多数人时时处在考研、考公务员或者转行的路上，没有把学生管理当成事业去做，不动脑、不用心。因而高职院校的学生管理队伍总是处于不稳定状态，队伍建设很难进行。

3. 学生管理人员素质不高

首先，虽然高职教育已经占据高等教育的半壁江山，但我们又不得不承认高职教育在高等教育中处于末等，社会认同度不高。相应的，高职教育在招聘学生管理人员时，应聘者基本上以本科生为主，他们专业背景复杂，思想政治学、教育学和心理学出身的很少，专业过热或过冷的比较常见，当他们走上学生管理工作岗位后，在思想、心理上对学生的辅导不具有专业性，指导效果不明显。同时，因为专业不对口，使得他们也没有办法从专业角度对学生的学习作出指导。其次，现阶段高职院校的辅导员基本是 80 后，他们自身就是在思潮涌动的时代成长起来的，思想各异，世界观、人生观、价值观略有偏颇，不能从很高的境界去看待社会所存在的现实问题，在对学生的指导中也不能很好地引导学生树立符合当今社会的核心价值观。再次，由于高职院校的很多辅导员、班主任都是刚刚走出校门的年轻人，他们在学生管理工作中对原则的把握、经验的积累、能力的提升等方面都还需要一个提高的过程，急躁、不冷静的心态也需要进行自我提升。

4. 办学形式多样化，学生参差不齐，管理困难

我国的高职院校多是在中专学校的基础上成立的，处于转型的过渡时期，普遍存在高职院校学生类型多样，有中专生、大专生、函授生、成人高职生等。学生年龄层次、思想境界、知识水平、人生阅历等方面各不相同，使得高职院校在进行学生管理中困难重重。以笔者所在辽宁某高职院校为例，由于学校是在原成人函授和中专院校的基础上成立的，现在校内有高职大专、初中起点的中专、初中起点的大专、函授专科、函授本科、研究生培训、社会培训等多种办学形式，每天校园里不同的人在来来往往，学生素质差异很大，在基础文明、学风班风、安全教育、心理疏导、宿舍文明和活动开展上难达成统一标准，学校在管理时很难达到预期的效果。而且学生之间各种风气相互传染，不好的行为轻而易举地就能在人群中传染开来，这就给高职院校的学生管理工作提出新的问题。

5.学生实习期间管理困难重重

目前，我国的高职院校多处于转型时期，企业化管理模式还未完全形成，多数的高职院校采用的是校企合作，"2+1"模式的教学方式，既两年在校学习，一年在企业实习，总体上这样的教学模式有利于学生专业技能的掌握，但不利于学校对学生进行管理。首先，最后一年学生进入企业后就成为准职业人，企业是按照职工的标准要求他们，虽然有专业知识的讲授，但缺少必要的思想、心理等方面的引导。学生刚刚接触社会，在思想及心理上很难找到平衡点，虽然指导教师对于他们有相关的指导，但不可能如面对面来得更加及时、有效，这样就很容易使学生迷失在社会的熔炼中。其次，学生在外实习期间正是学生办理补考、毕业的时间，很多时候学生办理必要的事务性工作时总会出现由于工作忙而拖拉、不及时的现象，有些甚至影响学生正常毕业。

（三）高职院校学生管理中存在问题的原因

前文分析了高职院校学生管理中存在的几种主要问题，总的分析来看，引起这些问题的原因主要以下几个方面：

1.人治管理思想色彩浓厚

法制思想被视为治理乱世的良方，而儒家思想的仁义礼智则历来被尊为安享天下的治世之道。德治在一定意义上就是人治。对此，邓小平同志有过精辟的描述："现在的问题是法律很不完备，很多法律还没有制定出来。往往把领导人说的话当作'法'，不赞成领导人说的话就叫作'违法'，领导人说的话改变了，'法'也就跟着改变。"从某种程度上说，当前我国高职院校学生管理的人治思想严重存在，而这同时也是当前我国高职院校学生管理问题的根源。在学生实际管理中，领导一言堂打压下属、拍脑袋做决定的事情普遍存在。不仅这样，在高职院校还普遍存在着有制度不遵守、有规定随意违反的情况。某某学生因为跟某位教师关系好，就可以在考试中开绿灯一路通过；班级选举班长和其他班干部时管理人员和辅导员经常插手选举事务，想方设法让自己信任与自己关系好的学生当班干部。学校在制定学生管理制度时通常情况下很少征求学生意见。这些人治现象的存在同时也是高职院校管理存在的主要问题。从社会制度层面上看，经过几代领导人的努力，与20世纪六七十年代比较，我国依法治国的基本治国方略得到了很大的改善，九十年代末依法治国已经作为治理国家的基本方略写入了宪法中。

同时，在教育领域也开展了一系列依法治校的整治活动。在 2003 年由教育部结合我国依法治国基本方针制定的《教育部关于加强依法治校工作的若干意见》和《教育部办公厅关于开展依法治校示范校创建活动的通知》中规定："依法治校是贯彻党的十六大精神，推进依法治国基本方略的必然要求。"通知还同时要求各个学校要结合依法治国精神制定相关制度，在学校管理的各项活动中主动贯彻落实依法治国的要求。然而，实际上，从实施效果来看，依法治校并没有取得实质性的进展。学校管理所面临的现实环境中还存在影响或者是阻挠依法治国的各种不利因素。以毕业证书的发放为例，早在2009年6月30日，教育部门就制定发布了关于《做好应届高职院校毕业生离校期间安全稳定工作》的通知，通知明确规定，对于各类公办高等教育学校，不得以任何借口或者是理由扣发已经参加完毕业考试并考试合格毕业生的毕业证书、学位证书或其他形式的证件。但是，从实际实施情况来看，在高职院校因为欠学费而扣发学生学位证书的情况普遍存在。

2.扩招带来的连锁反应

始于1999年的高职院校扩招带来的第一个影响就是增加了大量的高职院校学生和毕业生。对于高职院校同样如此，大量民办高职院校如雨后春笋般出现，而公办高职院校也为生源问题四处奔波。这种现象在我国经济发展之初受到了各方的肯定。高职院校的扩招为企业发展培养了大批新型产业工人和技术工人，更为我国经济的发展插上了翅膀。同时，高等职业教育也驶向了发展的快车道，短时间内膨胀的职业教育在飞速发展中也积累了大量问题。

第一，扩招促使学生"消费者"地位的形成和贫困生的增加。高职院校扩招带来的影响首当其冲地就是学校内贫富悬殊问题。自从1997年以后，教育部开始试行学生上学收费制度。此项制度在全面开展由学生承担教育经费之后，各个学校的教育学费也不断地"水涨船高"。高等职业学校亦是如此。越来越多的学校通过引入市场机制，通过提高自身运作效率，提高自身市场竞争力。在此种情况下，一个学校能够招收到多少学生直接决定了这个学校的办学实力和教育经费的多少。多为高等教育的投入者，学生在学校受教育是付出了费用，理应得到学校相应的服务。因为这与过去免费教育的办学模式和教育观念大不相同。从消费者的角度看，学生已经不是行政命令下的被管理者，而是具有了权利意识的"消费者"。在他们看来，学校应当是学习服务的提供者。高职院校有义务为高职学生提供自己所需要的相关服务。这些优良的服务包括优越的学习生活条件，良好的教学学习环境，以及科学合理的各项规章制度。而与此相反的是，高职院校还没有形成这种基于市场消费观念的教学管理模式，依旧沿袭过去传统的行政命令式教学方法。不论是在教学管理，还是在宿舍管理、日常学习活动中缺少人性化管理。这种管理模式与学生实际心理预期产生了很大反差。这是造成学生管理问题的重要因素。

同时，在高等院校不断扩大招生规模的情况下，大量来自中西部偏远的地区以及农村地区的贫困学生进入高职院校。这些贫困人数具有一定的规模和数量，从 2010 年的数字来看，高等学校的贫困生大约 500 多万人，占到了全部在校生规模的 23.06%。这些贫困学生大部分来自消费水平极低的地区。他们的家庭收入与东部地区的普通家庭相差悬殊。在他们来到学校之后，这部分人无论是在生活中还是在学习中都与来自富裕家庭的学生相差很大。即使国家和学校在一定程度上给予他们适当的补贴也是杯水车薪。尤其是相当一部分学生因为缴不起学费而不得不通过银行贷款还贷，使自己在学校期间就背负了压力和包袱。这部分学生群体与学校其他学生群体自然而然就形成了隔阂，给学校管理带来了难题。

第二，高职院校扩招导致师生交往困难。高职院校扩招导致学生交往困难的原因表现在以下两个方面。第一，扩招之后学生教师比例失衡。学生增加的数量与教师增加的数量不成比例。在通常情况下，在没扩招之前，一个辅导员通常带二三十个学生，而在扩招之后一个辅导员带的学生达到一百五十人，甚至很多学校辅导员带二三百人。学校无奈之下增加大班教学，大班教学通常都是上百人听课，教师与学生距离较远，弱化了师生互动，也影响了学生对教师的敬仰。第二，高职院校盲目扩张校区建设，再加上政府的导向作用在一定程度上造成了若干大学城的普遍诞生。这些大学城通常都位于城市的郊区地带。这一位置较为偏远，交通不便，更为师生沟通增加了困难。教师由于家住在市区，来学校授课通常情况下都不方便，匆匆而来匆匆而去，师生之间除了在课堂上之外几乎没有业余时间进行沟通。师生之间缺乏沟通，不能经常在一起交流谈心，长期下去学生容易积累心理问题并做出不理智的行为。导致一些学生管理问题的产生。

第三，教师学生素质普遍下降。近年来，随着民办高职院校如雨后春笋般崛起，高职院校招生人数不断增加，通常情况下很多分数不高的学生只要缴纳一定的费用也可以到一些学校就读。有学者认为，"高考分数每下降 50 分，学生素质就下降一个档次"。高职院校这样做的直接结果就是导致学生素质普遍下降。同时，由于学生规模扩大，很多高职院校也招聘了辅导员。这些辅导员看似学历高，但是总体上缺乏管理知识和管理经验，综合素质较以往教师下降。首先，学生素质的下降主要表现在思想道德方面。素质作为学生能力的基础首先表现在思想道德。只有道德素质提高了，个人思想境界才能高。因为思想是行动的先导，只有健康而积极向上的思想才能表现出阳光、上进的性格。然而，在现代高职院校学生中普遍存在一些思想道德素质低下的情况。比如在学生中流行"马克思主义过时论，理想信念薄弱；个人主义、功利主义盛行，集体主义欠缺；道德践行能力不强，诚信失范等现象"。甚至一些道德素质低下的情况被许多人视为榜样积极效仿。这充分说明了当前高职院校学生素质下降这样事实。其次，教师素质的下降主要表现在职业素质较差。由于高职院校规模连年扩招。以前那种品德高尚、学识渊博，对学生及有责任感，又关心备至的教师少之又少。随之而来的是一些职业素质较差，教学能力较差的人。甚至有不少学校管理者都是滥竽充数。因为这些教师的存在，对学生产生了负面影响。学生们不仅对教学质量不满意，对学习新知识难以产生兴趣，而且还对学习和学校管理产生了抵触情绪。最终导致关系淡化、管理矛盾重重等问题。

3. 教育功利主义的泛滥

功利主义教育当前已经渗透到职业教育当中并危及教育事业和社会的进步。功利主义教育表现在很多学校追求短期利益，教育学生一切围绕"名利"。具体说来就是宣传学生学习为追求更高的生活享受，追求更多的权力。尤其是在高职院校中，许多学校的招生宣传甚至明目张胆大张旗鼓地介绍在本学校就读所能够取得的名利，以及就业之后每个月的薪酬达到多少钱等。在入校之初学生们就在这种教育价值观引导下，一切向"拜金主义""拜权主义""博士崇拜"，科研中的"急功近利""短期行为""学术腐败"等功利主义看齐，在这种氛围熏陶下从事学习和学生管理。很多高职院校热衷于办各种独立学院，申请改校名，甚至在明知就业形势不好的情况下依然大规模招生申请学科点。其结果是直接导致学生就业难，教学质量下滑，师生关系同学关系不和谐等。更为严重的是，在日常学习中，很多高职院校的学生在功利主义的驱使下，过早地接触社会恶习染了一些不良风气，在学校内不是认真学习而是拉帮结派，大搞关系，吃喝请送，给学校教学和管理带来了严重不良影响。在学术研究方面，教师通常忙于评定职称，单纯为了名利相互拆台，而不是将精力投入到教学管理上。这种为名为利的教学体制和管理思想最终导致学校功利教育泛滥，学生急功近利心态浮躁。北京大学教授陈平原认为："目前各大学的基本状态是，鼓励小打小闹，而不敢'拿生命赌明天'。如此追求稳妥，不敢冒险，很大程度上是现有的评价及管理体制决定的。"周国平也认为："当今教育的最大弊病是受功利原则支配，其中也包括家庭教育、急功近利的心态极为普遍，以马上能在市场上卖个好价钱为教育和受教育的唯一目标。

4. 信息网络化的负面影响

加拿大学者麦克卢汉认为，信息时代深刻影响了现代人的思想和行为。信息科技通过影响人们的交往方式而改变着人的思想观念、社会关系、上层建筑和政治形态。信息技术固然有着无可比拟的正面效应。但是却也存在着固有的缺陷和负面效应。尤其是对于年龄较同时期大学生偏小，综合素质较低的高职院校学生等。信息化负面效应在他们身上表现的就更加充分。首先，信息化网络让大部分高职学生沉湎于网游和网络上的信息爆炸中，弱化了交际能力和沟通能力。网络对于高职院校的学生就像磁铁一样紧紧地吸引着他们。进入高职院校时的放松心情，以及在宿舍享受丰富多彩的网络世界时的惬意，让不少学生淹没于互联网之中。通过互联网络，学生们更多的是在涉猎一些暴力信息、色情信息以及虚拟信息等。久而久之，这些学生越来越脱离班级集体，在与教师和学生的沟通中陷入自我虚拟世界中无法自拔。他们与同学的关系不和谐，常常因为小事情与他人产生矛盾。更为严重的是，因为整天沉浸于网络游戏，而使很多学生产生了心理问题。这些学生不愿意在现实中向人们倾诉，而使选择网友。"人的本质不是单个人所固有的抽象物，在其现实性上，它是一切社会关系的总和。"∞因此，这些长期陷于"人—机对话"之中，在"网游"中"如痴如醉"，心理上长期处于自我欺骗之中的人一旦回到现实生活中就会产生失落和偏执等心理性格。青岛大学的心理专家陶明达认为，网络迷恋在学生中一般不会单个出现。主要原因是网络游戏需要多人参与，一般情况下陷于网游的学生不管是在心理上还是生理上都会出现比较严重的问题，有的会导致其休学、退学，甚至自杀或杀人。

三、加强高职院校学生管理的建议

（一）国外高职院校学生管理的启示

兴起于 20 世纪 20 年代的国外职业教育比中国早了近 60 年，虽然教育背景和现实不同，但国外职业教育中很多理念和方式却是值得我们学习借鉴的。

1. 人性化的学生管理方式

人性化的学生管理方式在国外起源较早。以英国苏考利教授等学者为代表。人性化的管理思路是：学生管理并不是以灌输和教化为导向，而是在于强调文艺复兴和现代民主自由平等等条件下与青年成长有关的自我观念的重要地位，学生管理是以培养个性化的专业能力为主线，按每个学生的不同特点整合教学管理体系，并进行课程开发和课程结构的设计，开发符合弹性选课需要的模块化课程模式以及教学计划和教学大纲。考利教授通过把"主动能力"和"个性化"这一主导思想引入到学生管理中，使人性化管理方式充分体现了在学生管理中的应用价值。此后，以凯瑟琳·莫塞斯教授为首的一批教育专家，在对学生学习过程所进行的理论研究与实践中，提出了"人文教育"的概念，以"人文教育"为导向的教育理念对 20 世纪以后的教育管理和改革实践产生了巨大的影响，此后，20世纪20年代后期西方国家广泛推行的"职业教育改革及管理现代化"方案都积极贯彻了人性化理论。在这些学生管理模式中，对学生的教育和管理不再以训化和体罚为主，而更加注重心理沟通和尊重个性化。强调在教学实践中融入个性化教育理念，关注学生学习和身心成长，努力培养教师与学生的双向沟通，注重提高学生的综合素质和健康成长。

2. 注重德育教育

西方社会在德育教育方面非常重视，将德育教育作为学生综合素质的一项重要内容。并制定了专门教材。在这方面，对我国最有借鉴意义的是日本。日本文化与我国文化相近，有成熟的德育工作经验可以借用。日本在德育工作方面具有以下两个重要特点：第一，在吸收外来文化的同时，将自己本民族的文化发扬光大。日本德育教育大胆引入国际教育思想，以全球观对本民族文化进行了创新，积极培养学生的国际意识、群体意识。但这一切都融合了本民族文化精髓。第二，以社区教育为契机，使学生的德育教育贴近生活。社区教育是日本德育教育的一大特色。日本学校的社区德育教育包括了爱国教育、纪律教育、安全教育、健康教育、爱心教育、价值观教育等内容。学校通过组织学生参观或建立儿童中心、教育基地、公民馆、博物馆、青少年科技中心等形式，以一种启发式、体验式的方式对学生进行感同身受。

3. 关注学生全方位发展

西方社会学生管理的全方位发展体现在以下几点。第一，学生教学内容既包括了实践活动、专业技能、理论学习，也包括了社会关系、德育教育等内容。第二，学校一般都设立学生自我管理组织机构，让学生充分参与到管理中，锻炼他们的全面素质。这些管理机构都有学生管理。大都明确，分工细致，专业性和服务性很强。既有学生事务处、办公室、综合室、资源中心，还有住宿事务处、财政事务办公室、社团联合会、咨询中心等学生组织和社会团体机构。第三，西方职业教育管理方式更加注重学生社会实践能力和技能的培养，通过让学生更早接触社会参与到企业实习不断提升学生技术能力和创业能力。在今天看来，国外学生管理在注重人文教育的同时，更加注重培养学生综合素质。

（二）确立高职院校学生管理创新理念与内容

我国高职院校学生管理工作中原有的一些理念、内容和形式不能适应新的时代发展，需要进行创新，提出建议如下：

1. 创新教育理念

思想政治教育是高职院校学生教育管理的一项重要内容。新时期开展思想政治教育必须创新教育方式，将教育方式与时代相结合，融入新鲜内容，有效提升学生思想政治素质。创新教育理念首先需要在学校内建立起完善的德育网络体。德育网络体系的建立改变了过去教师单打独斗的局面，在学校内形成了德育教育的合力。首先，校长是德育教育的第一责任人，由校长领导组成了德育教育队伍。从上到下依次为学生处、团委、学生会、年级组长等组织网络体系。其次，在这张德育教育大网体系下，实行全员德育教育。努力发挥德育组织的作用，调动广大职工积极、主动地参与到德育教育中。高职院校比起其他高等院校学生来看，他们年龄小，对问题是非能力判断差，因此必须注意引导他们行为规范，促使身心健康成长。对他们来说，教师的言传身教非常重要。教育家夸美纽斯说：师的任务是用自己的榜样来诱导学生"。作为高职院校的教师必须做到"勿以善小而不为，勿以恶小而为之"，要努力让自己成为孩子心目中最崇拜的人，成为他们学习的榜样。辅导员作为学生工作的管理者必须以身作则，在管理学生中带好头，努力发挥好德育工作骨干的角色。同时，在辅导员的带动下，积极发挥各学科教师的作用。任课教师是班级德育教育重要力量。每门学科都对学生德育教育发挥着重要作用。学科教师应当以教研室为单位，在认真备课的同时，不断挖掘学科的德育内容和教材。将德育教育渗透到学科知识中，以内化的方式给学生以深刻的影响。另外，任课教师还可以通过典型实例，在班级内召开德育工作会议，通过专门会议表彰德育模范人物，强化良好行为示范作用，以集体教育的方式对学生进行德育教育。同时，德育教育工作还应当贯彻到学校其他教职工队伍中去。比如管理部门和后勤服务部门。这些部门的管理人员同样可以给学生做出榜样，时刻对学生进行引导和鼓舞，帮助学生树立正确的德育观。

2. 创新教育内容

创新德育教育的内容，就是要不断丰富德育教育题材，从各个方面强化高职院校的德育教育和综合素质。

第一，必须对学生开展信仰教育，用信仰的力量加强对高职学生的引导，并树立人生中基本的价值观念。《教育部关于进一步加强和改进高职院校学生思想道德建设的若干意见》中指出"加强和改进高职院校学生思想道德建设要遵循坚持贴近实际、贴近生活、贴近高职学校自身特点的原则。"规定还指出要对高职学生"开展中华民族优良道德传统的教育。深入持久地进行爱国主义、集体主义和社会主义思想教育。树立以集体主义为核心的价值观教育。要对学生进行优秀传统文化教育"。信仰教育重要的是要持之以恒，建立长效机制。在确定信仰教育题材的时候要结合自身特点，从他们熟悉的事例入手，比如组织每周一次的升旗仪式，让德育模仿人物在国旗下讲演，扩大示范人物的影响力。同时，还可以在每年的清明节、国庆节等重大节日期间开展主题教育活动，组织学生参观爱国主义和道德示范场地，组织学生主动学习信仰思想。第二，对学生开展感恩教育。首先要用一颗感恩的心珍爱自我，善待他人。除了对学生实行感恩主题讲座教育之外，还要定期开展以感恩为主题的德育教育班会。笔者所在的学校很多学生来自工薪家庭，生活环境并不富裕。但是学校内攀比虚荣风气比较严重。针对这，建议可以由辅导员组织召开一次以"父母，您辛苦了"为主题的德育教育活动。让学生每个人发言谈一个自己最受感动的父母辛苦工作的故事，并对这次主题班会进行录像。将录像资料寄回学生家中。同时，在班会上向学生播放《唐山大地震》影片片段，将感恩教育深深触及在场每一个孩子的心灵。

3. 创新教育形式

创新教育形式对学生德育教育非常重要。新时期，德育教育要走出单纯的言传身教误区。积极借鉴不同的教育形式，扩大德育教育的影响范围，将德育育深入到学生实际生活中。创新教育形式，最有效地是开展各类德育活动。首先，可以将这些活动与各种节日庆典活动相结合。在学校内开展各类校园文化节、安全教育周、文明礼貌月、诚信教育系列活动等，还可以积极鼓励学生主动参与德育宣传，将德育内容融于校园艺术节、校园运动会、阳光运动大比拼等文艺活动之中。一方面借助这些活动增添德育内容的趣味性和娱乐性，将机械刻板的德育说教变成形式活泼的活动，使学生们乐于接受主动学习。同时，要注意扩大这些活动的覆盖面和影响面。通过活动将德育宣传扩大到整个学校学生群体中，还要积极培养德育宣传的意见领袖等群体，利用意见领袖影响力对周围学生进行潜移默化的影响。其次，可以开展体验教育活动。在开展学生德育教育方面，教育部门提出"坚持知与行相统一的原则。既要重视课堂教育，更要注重实践教育、体验教育、养成教育，注重自觉实践、自主参与，引导未成年人在学习道德知识的同时，自觉遵循道德规范"。对于高职院校，可以让学生主动走出校园，在社会这所大学校中体验并领会德育教育的内容和意义。例如，每年3月学校消防月期间，辅导员都会带领部分学生参观消防大队，辅导员带领学生深刻感受到了军营生活，学生们先参观士兵整齐有序的内务、饶有兴趣地观看官兵现场演示灭火，感同身受地听官兵讲解各类消防器材的作用及使用方法，再在消防官兵的帮助下主动体验了现场救火和救险场面。该项参观活动，不仅让学生们以一种潜移默化的方式学习到了很多消防知识，而且更让学生领会到了消防员默默无闻为社会做贡献的高尚品格和无私奉献精神。

（三）完善高职院校学生管理的基本途径

虽然我国高职院校学生管理工作已经建立一套基本的管理方式，但在细节的管理方面还有待加强，建议完善以下几种基本途径：

1. 健全辅导员、班导师管理机制

健全辅导员管理机制首先必须把好辅导员入门这一关。学生管理工作涉及的面非常广。这就要求辅导员必须具备较强的综合性素质。其中以下专业背景尤其重要，应当作为学生管理辅导员的重要参考。即思想政治教育、管理学、教育学、心理学等专业。可以在高职院校选定学生管理人员时选择那些具有思想政治教育、管理学、教育学、心理学等专业的毕业生，对于具有两个专业以上的复合型人才优先考虑。另外，在招聘辅导员时，应当招聘那些具有较高学历的毕业生。从年龄上还是从就业方面都有助于提升辅导人员的综合素质。在确定学生辅导人员数量时，必须符合"三三制"。即辅导员人数与学生人数不多于1：200，甚至达到1：120～150。确保每个学院每个班级都有相应数量的优秀辅导员和专职辅导员。另外，辅导员的年龄还需要符合"三三制"原则，保持老、中、青等一定的比例。充分发挥各个年龄阶段辅导人员的实际情况。其次，必须培养一支素质较高团结稳定的辅导员队伍。强化辅导员的培训，根据不同专业背景进行分类培训。在强调辅导员思想政治培训的同时，更加注重他们的专业技能和相关实际经验。并根据每个人的不同特点进行有针对性的培训。最后，需要保持辅导员队伍的相对稳定。对辅导员实行科学化管理，科学界定工作范围。建立辅导人员考核机制，强化考核评比力度，并将考核结果与辅导人员的职务聘任、各类评比、津贴多少等挂钩。同时，要增强辅导员的职业认同感，建立辅导员职业规划，通过完善从科员、到副科级、正科级、副处级等职业发展通道，让优秀的人才安心工作。在对辅导员的考核过程中，更加注重辅导员的思政素质、学生管理工作的成绩和他们在学生管理工作中的综合表现。对于不愿意从事仕途的辅导员要建立专家机制大力鼓励优秀辅导员成为在学生管理方面的专家，使其成为学校学生管理的中坚力量，逐步建立起一支有利于学生管理的专业化、职业化辅导员队伍。

2. 加强学生日常管理制度建设

在学生日常管理规章制度设计中，要体现严格遵纪守法与以人为本相结合的原则。这些制度不能与相关国家法律法规相抵触。除了严格遵守一系列法律之外，高职院校学生管理规章制度还必须贯彻"以人为本"的原则。也即是说学生管理工作需要时刻围绕学生为中心，在学生管理工作中，必须时刻尊重学生，尊重学生个人利益，尊重生活需要和人格。这是一种敬重生命、尊重个性、重视人的价值取向的管理思想。按照科学发展观，"以人为本"也是科学发展观的本质和核"以人为本，就是要坚持以人为中心，把人摆在第一位，以促进入的全面发展；或者说就是以人为基础，以人为前提，以人为动力，以人为目的。高职院校是社会的有机组成部分，是造就有理想、有道德、有文化、有纪律的，德智体美全面发展的社会主义建设者和接班人的重要场所。"在高职院校的学生管理中，"以人为本"就是"以学生为本"，贯彻"以学生为本"的原则，而高职院校的学生管理制度应当"执法必严，违法必究"，也应该"充满爱的气息，富有人情味"，不应当"一棍子把人打死"。例如青岛酒店管理学院的学生管理规定中有一项关于学生违纪处罚的规定，"因违纪（作弊除外）受到警告、严重警告、记过处分的学生，自受处分之日起满一年，思想品德表现好，遵纪守法，综合测试名次在班级前 50% 以内，符合相关条件的，就撤销处分。"这就是一项非常具有人性化的处分条例。同时，在辅导员日常管理工作中，还需要将原则性与灵活性相结合，不断地完善学生日常管理机制。毛泽东曾经指出："我们不应当怕麻烦、图清净而不去接受这些谈判，我们也不应当糊里糊涂地去接受这些谈判。我们的原则性必须是坚定的，我们也要有为了实现原则性的一切许可的和必需的灵活性。"这段话对我们高职院校学生管理工作也有很强的指导意义。它说明，坚持纪律的原则性和贯彻中的灵活性相互结合在辅导员日常管理中的重要性。忠于制度并不等于"照搬规章制度"，而是必须在具体执行过程中灵活变通，做到尽善尽美。对此，可以参照毛泽东在 1930 年的《反对本本主义》中的观点。他指出："不根据实际情况进行讨论和审察，一味盲目执行，这种单纯建立在'上级'观念上的形式主义的态度是很不对的。"辅导员在学生管理中掌握"灵活性"时，必须把握好一个灵活度的问题。最好的办法是"在坚持原则性的同时，要用富于理解、关爱、同情的理念去对待学生管理中出现的各种问题。"

3. 建立学生自我管理机制

由于我国高职院校通常都是以行政管理和人治思想对学生进行管理。因此长期以来，学生管理者习惯了以刚性的规章制度对学生进行"管理"。这种管理思维必须改变，建立学生自我管理机制，增强管理的民主理念和学生参与意识。高职院校要积极落实学生参与管理的措施，首先要充分转变观念，在学校管理中充分发挥学生的积极性和主动性，让学生主动参与管理，给学生一定的自主权、参与权、决策权，对一些对管理表现出兴趣的学生所提的问题进行认真研究并做出回应，并对这些学生进行奖励，逐渐引导这些学生表达出自己内心真实的想法，学校也可以从中了解学生的真实需要，在此基础上才能更好地促进学生的成长与成才。对此，高职院校要不断完善学生参与学校管理制度和机制。在相关制度的制定过程中，必须要有学生直接参与，并真实体现广大学生的意愿和需求。学校管理者还需要换位思考，站在学生立场上结合学校自身特点考虑学生需求。在学校各项制度的执行过程中，必须确保一定比例的学生参与，让学生切实感受到主人翁的地位。第二，要建立学生自我管理组织，通过借鉴先进的管理模式和管理内容。将学生服务、学生管理活动，包括了职业学生学校管理条例和纪律行为准则等内容纳入纪律管理之中。此外还应当包括学生社团活动、学术性组织、志愿者社会服务活动、宿舍管理和学籍管理等一系列社会实践内容。学生自我管理组织必须职责分明，分工细致，具有一定的专业性和服务性。没有相关组织的可以在学院设立学生事务处，下设办公室、综合室、资源中心、住宿事务处、财政事务办公室、学生社团联合会、学生办公室、咨询中心等学生组织和社会团体机构。并明确学校不同部门对这些学生组织的隶属关系，保证这些机构分工明确，运转良好。第三，要发挥学生组织机构的作用，不断引导学生参与学校管理和自我完善。比如可以针对一些主题活动，激发学生参与热情，锻炼学生的管理技能。以"走出去、引进来"的方式引导学生关注社会发展。让学生通过在小区或者是闹市区等地方散发传单而主动引导学生参与社会实践，并围绕社会问题开展调查研究，提升学生对社会问题的分析能力，培养社会责任感。另外，在引进来活动中，要将社会资源与学生实践结合起来，使学生真正切身感受到社会反省自我。笔者所在高职学校的学生处就在教务处与某区人民法院联系开展"法庭审判进校园活动"。活动通过在学校内部召开审判大会，对因为偷盗和抢劫而遭到判刑的人员进行公开审判，通过这一形式让学生真切感受到遵纪守法的重要性，使他们进行反省和感悟，净化内心提高认识。从而进一步增强学生自我管理的能力。

4. 重视学生心理健康

高职院校学生心理健康教育关系到学校教育工作的进行，更影响社会经济中人才建设的发展，因此学生心理健康教育不容忽视。

第一，建立健全高职院校心理健康教育机构。高职院校学生心理健康教育工作关系到校园的平安、稳定、和谐，同时也有利于学生个体良好心态的养成，因此，建立健全高职院校心理健康教育与咨询中心是解决我国高职院校学生管理问题的重要途径之一。首先，应设立心理健康教育工作领导小组，为加强对心理健康教育工作的领导，其职责是负责制定学校心理健康教育工作规划，定期听取心理健康教育工作专题汇报，研究部署工作任务，解决存在的问题，保证工作经费，课程安排、指导、监督和检查心理健康教育工作，高职院校心理健康教育工作领导小组应由学校领导任组长，由校内各权利职能部门相关负责人任组员，这样也能确保学校对心理健康教育工作的关注与支持。同时，领导小组要下设心理健康中心，负责心理健康教育的常态化工作，中心主任由学生处负责人担任，成员由心理健康咨询中心教师、各系院分管学生工作副院长、辅导员和校医组成。

第二，建立"校一系院一班"三级大学生心理健康工作网络。为贯彻教育部《关于进一步加强和改进大学生心理健康教育的意见》（教社政（2005）1号）文件精神，切实加强高职院校学生心理健康教育工作，建议建立从上至下的三级心理健康教育工作网络，将各级工作网均纳入思想政治教育工作体系，职责分明，分工合作，形成了思想政治工作与心理健康工作相结合、齐抓共管的合力，构建了全方位、多角度、立体化的学校心理健康教育工作网络。

第三，组建"四方结合"心理健康工作队伍。高职院校应建立以心理专家督导为引领、专业心理教师为依托、心理辅导员日常心理教育为主导、班级寝室"心灵卫士"为基础的金字塔式心理健康教育工作队伍。高职院校可以聘请医院心理专家或者专业的心理咨询师为心理健康教育的督导师，开展案例督导、教师培训及转介治疗等工作，为高职院校提供心理健康教育专家团队的支撑和保障；学校心理咨询站应具有心理学专业的专职心理教师，兼职心理教师也应持有国家二级心理咨询师证书；心理辅导员则由辅导员和学生处学生管理工作人员担任，同时，要定期对他们进行系统心理教育培训，以便发挥他们在学校心理健康教育网络中主力军作用。高职院校学生自我教育也是学生教育的重要组成部分，因此在组建教师队伍的同时，还应该成立了大学生心理协会，协助心理健康中心工作；还在每个班级和寝室分别设置一名"阳光天使"。这些学生经过心理健康中心教师培训后，协助辅导员进行班级和寝室心理情况摸查和监控，及时发现同学中出现的心理异常现象，协助辅导员组织团体心理训练，成为高职院校心理健康工作的重要依托力量。笔者相信，这样的心理教育团队经过几年的实践，定会形成专兼职相结合、师生相结合、校内外相结合、班级寝室社团相结合的"四方结合"金字塔式心理健康工作队伍，为高职院校心理健康工作提供有力保障。

第四，增设心理健康课程。现代高职院校学生录取分数普遍较低、文化基础、学习能力和学习态度相对落后于本科学生，并常常伴有自卑等负性情绪体验。同时很多院校采用"2+1"的教学模式，即前两年在校学习，一年到企业实习，这样使得他们较早面临择业及社会化的问题。"从高职现状出发，心理健康教育课程设置必修课、选修课互补、课堂教学与团体素质训练相结合的课程体系是很必要的。建议高职院校学生心理健康教育必修课设置《大学生幸福课》；面向特殊群体，如心理测试普查中需要关注的学生或对心理学感兴趣的学生开设选修课程，保证学生在校期间普遍接受心理健康课程教育。"教材可采用各省教育厅依照当地实情编制的心理健康书籍，比如辽宁省可采用教育厅、省委高职院校工委组编的《让快乐伴你成长》，并进行优秀课件共享，不断加强任课教师的教学技能，打造出贴近高职院校学生心理的心理健康教育教师队伍；授课教师在课堂教学中要注重将理论阐述、问题情境设置、心理测试、案例分析讨论、心理行为训练等有机地融合在一起，使高职院校学生在轻松愉快的学习氛围中获得心理健康知识、调整心态、学会情绪管理、提升心理品质，真正实现自我和谐、与他人和谐、与环境和谐，快乐幸福地渡过大学生活。

第五，提高心理咨询人员专业技能。美国著名心理咨询师约瑟夫·查思特罗在他的著作《少有人走的路》中提到："你能带领别人走多远主要是决定于你自己能走多远"准确的概括了心理咨询师行业的要求，即只有心理咨询师通过不断努力实现个人发展，才能真正意义上的带给别人帮助。心理咨询是一项高度专业化的助人工作，它要求从业者必须心里积极健康，同时具备专业的心理知识，这样才能对咨询者给以有效地建议和帮助，首先，加强对高职院校心理咨询专职教师心理专业知识和心理咨询技能的培训。在培训内容上不仅要有一般心理咨询技能，还要有心理学专业知识，更应该有一些关于高职院校学生心理咨询工作独特规律的内容。对于新走上工作岗位的高职院校心理咨询教师，学校及教育部门更应进行全面、系统的心理咨询技能培训，其内容既要有一般心理咨询技能如倾听、建立咨询关系等，也要有具体的心理咨询技能如沙盘游戏疗法之类。对于已经从事过一段时间心理咨询工作的教师，学校应帮助非专业出身的教师补一补心理学、教育学理论知识。对于心理咨询教师日常培训则重点是进行高职院校心理咨询工作研究成果、新的心理咨询技术、及现阶段学生心理特点等方面的培训。其次，加大兼职心理工作队伍的培训。高职院校应将心理健康教育内容纳入新任教师岗前培训课程体系。经培训并考核合格的辅导员，由学校颁发《心理辅导员培训证书》，作为辅导员岗位考核的必备条件。

第六，加大学生心理健康的投入。心理健康教育工作涉及面广泛，专业性很强，这就要求我国高职院校在心理健康教育软、硬件上都要加大投入力度，以确保心理健康教育工作的顺利进行。高职院校应在人力、物力、财力上对心理健康教育给予必要的投入，以学科发展、建设专业课程的标准去看待心理健康教育，设立专门的预算经费。配备专业人员、提供必要的设备和场所，在校园里设置相对独立的心理咨询场所，并在新生入学时将心理咨询费用一并纳入统一收费之中，以保证学生在校期间的心理测试、咨询和团队训练等各项活动的正常实施。

第三节 加强大学生的和谐力建设

"和谐校园"建设是努力调整校园内外各种关系，使之呈现出一种动态平衡，极富生机活力的状态。"和谐校园"的建设主体包括教育者和受教育者，我们不能忽视学生在和谐校园建设中应有的力量，这种力量在很大程度上取决于学生的和谐力。

一、大学生和谐力的主要标志

和谐力是指行为主体整体协调自身内外要素使自我达到和谐状态的一种能力。和谐力虽然是一种软实力，却是更高层次和更深层次的实力。大学生的和谐状态主要表现在以下三个方面。

（一）健康充实的身心状态

大学生在身心上的和谐力首先表现在拥有健康的体魄，能承担各种压力和挑战，同时，其心理结构中的认知、情绪、意志三者达到和谐，能够正确认识自我，摆正自己在社会空间中的位置，树立正确的人生观、价值观、世界观，热爱生活，积极进取，乐观自信，能承受挫折。

（二）充满活力的学习状态

调查发现，一般情况下善于学习的大学生，其身心的和谐程度要远远大于不善于学习的大学生。因此，大学生的和谐力主要集中表现在是否具有强烈的求知欲和探索创造动力上，能否在人类物质和精神文化的全部成果的过程中，最大限度地发挥自己的聪明才智和能力，以使自己的个性得到自由、全面的发展。大学阶段是学习、求知、探索的大好时光，学习上的和谐力具体表现为大学生能主动发展自我兴趣，重新确立奋斗目标，并围绕目标不懈努力，掌握适合自己的学习方法和手段，具备终生学习的能力。

（三）诚信友善的人际状态

大学生在人际的和谐力，不仅表现在横向交往能力上，即能充分融入高层次的文化环境中，能够以真诚的情感、信任的态度、平等的意识在同龄人中建立起能够充分交流思想、充满温暖的人际关系，赢得同伴们的认可和信任，同时，还表现在纵向交往能力上，即能够跨越年龄和地位的差距，与老师、长辈、领导交往，接受课堂外的教育营养，也为今后走上社会开展人际关系奠定了基础。

我们认为具有和谐力的主要标志就是能够使学生自我达到以上的和谐状态。

二、大学生缺乏和谐力的具体表现

（一）心与智的不和谐

许多大学生智力素质和心理素质不平衡、不和谐。随着学生进入大学，有部分学生逐渐表现出智商高而情商弱的倾向，同时又反映在学习动力缺乏症上，为数不少的大学生把时间无止境的荒废在网络娱乐中，严重地影响了学业，一方面是没有远大的志向，另一方面则是志向的功利化、庸俗化，学生变得精神贫乏，情感麻木、信念渺茫，人格苍白，于是"郁闷"一次成为大学生迷茫心理的代言词，甚至有大学生说"不在郁闷中恋爱，就在郁闷中变态"。

（二）知与行的不和谐

长久以来，教育界的有识之士总在思考这样一个问题：与国外先进的教育相比，我们的差距到底在哪里，为什么在中国这样一个泱泱大国，我们的人才水平总是不高，创造能力总是不强？为什么我们的孩子在学生时代能获得国际奥林匹克竞赛大奖，长大后却不能获得诺贝尔奖？其实我们不难在大学生的知行脱节上找到部分答案。在长期的中国传统教育模式下，大学生接受书本熏陶多，而接受社会熏陶较少，理论知识强，实践锻炼弱，学习成绩好，动手能力差，眼高手低是许多大学生的通病，在寝室"卧谈会"上指点江山、高谈阔论的学子，在生活中往往是"一屋不扫"的懒汉，甚至我们的大学校园中还出现了陪读家长。一方面渴望早日踏上社会，另一方面又惧怕社会的复杂环境，这构成了许多大学生身上的典型矛盾。

（三）人与我的不和谐

大众教育以来，传统班级的概念淡化，集体约束减少，大学生与同龄人的交流状况和以前有很大差异。有的大学生性格孤僻，独来独往；有的大学生虽然呼朋唤友，却只是江湖义气；有的大学生长期住在校外，与同学感情淡漠，和老师的关系更是疏远；有的大学生虽然生活在寝室里，但大部分时间和电脑在一起，成为擅长人际对话而拙于面对面交流的现代"隐士";有的大学生因为不善于解决人际关系冲突,冲动之下打架闯祸;有的大学生缺乏团队意识和合作精神而失去许多锻炼机会……这种人与我的不和谐状态,如果不及时纠正,将来带到社会上就会成为大学生个人发展的严重障碍。

三、大学生缺乏和谐力的主要原因分析

(一)社会转型时期多元文化的干扰

改革开放的大局势把整个社会带入了转型期,处于转型期的社会价值观念的总体特征处于失衡状态:一些传统的观念丧失了对生活的解释力量,丧失了赋予意义的权威地位,而新的东西尚未形成,价值的失衡导致精神上总体的颓落,加重了人们内心的矛盾冲突。正如社会学家费孝通所指出的:"我国当前正处于一个大变革时期,这个变革包括几千年沿袭下来的文化、观念的变革,因此人群中不可避免地会出现因适应不良而产生的各种心理障碍"。这种多元文化的干扰在网络世界中表现得尤为明显:如"恶搞"之风盛行,"愤青"言辞热闹……,挑战传统的是非、美丑、善恶标准,这些现象的存在,混淆了大学生的视听,也带来了许多不安全、不稳定、不和谐的因素。

(二)高等教育大众化背景的压力

随着高等教育大众化时代的到来,大学生人数急剧上升,给这个校园中的莘莘学子带来了心理和现实的双重冲击。据当代中国社会阶层结构研究报告分析,当前的中国社会划分为十个阶层,校园内的学生群体也出现了分化,大学生中月消费水平差距很大,高的达四五千元,低的也只有两三百元,消费条件和生存状态大相迥异,这给贫困学生带来了压力。

(三)独生子女成长环境的影响

当代大学生多为独生子女,一方面,他们在物质方面几乎是有求必应,优越的生长环境成为当代大学生普遍存在养尊处优,吃苦意识差,耐挫能力差,意志力薄弱,团队协作精神不够,缺乏感恩意识;另一方面,他们在精神上背负着来自家族的精神压力。因此,面对压力和竞争,他们更习惯于面对书本,不善于面对复杂的社会人际关系和未来的人生道路。随着年龄的增长,他们茫然失措,内心的矛盾冲突加剧。

四、积极探索加强大学生和谐力建设的途径

（一）加强大学生心理健康教育

不少资料表明约 10%~20% 左右的大学生存在不同程度的心理障碍，这些心理障碍轻者会给大学生的学习生活带来困扰，重者会发展成严重的精神病症。我们要预防在先，把大学生的心理问题降低到最低程度。每年新生入学时都要进行身体健康和心理健康两项普查，及时发现有心理障碍倾向的学生大约有 9%，然后对其进行心理建档和追踪服务，并开通网上心理热线，随时解答学生的心理问题。

（二）加强大学生人文素质教育

和谐力作为一种非智力因素作用下产生的能力，更多地有赖于人文素质教育的培养和熏陶。目前的大学生人文素质教育可以围绕构建和谐校园文化，弘扬历久弥新的大学精神，为大学生的成长成才提供积极向上的和谐氛围，在潜移默化的过程中以文化养人，让大学生深深感受、认同并吸收这种文化，把和谐精神带到日后的工作岗位上，在工作中建功立业。

（三）加强大学生自我教育

大学生的自我教育包括自我认识、自我体检、自我控制等方面，要帮助学生通过认识别人、认识自己的活动和行为来认识自己，通过道德评价活动学会自我评价；要引导学生在品德践行中检验自己的道德情感；要通过提高道德认识来升华道德情感；要引导学生在道德意志行为中自觉地掌握和支配自己的情感和行为。如通过自我教育来解决"网瘾"，帮助大学生树立奋斗目标，把网络转化为自我获取有效信息的工具；同时，让同学们通过恳谈会、辩论赛、网上讨论等多种形式对网络中的虚假错误信息进行辨析，清扫思想误区。

（四）加强大学生实践教育

人的所有认识活动，都应认真地接受实践的检验。"纸上得来终觉浅，绝知此事要躬行"，我们应鼓励青年学生走出校园，深入实际、接触社会，积极实践。比如，通过学习互助活动，培养大学生的责任心、义务感、意志力；通过参与勤工俭学、社会调查、生产实习、青年志愿者等各种形式的社会实践活动，帮助学生提高认识，了解政策，了解社会，认清使命；通过执行学习和生活等各方面规则制度，培养学生的理性观念等。

（五）加强大学生创新教育

创新是活力的源泉，是和谐的内在推动力。我们要改变传统的、僵化的教育观念，改善陈旧的教材体系，改革单一的教学方法和手段，营造一个自由的学术氛围和宽松平等的学术生态环境，为学生搭建大胆尝试、勇于突破的创新平台；我们要培养大学生的创新精神和意识，鼓励学生勇敢地超越自我，革除一些束缚自我发展的旧思想、旧观念、旧习惯，化过剩的精力为创造的活力；我们要培养大学生的创新能力，用多种方式的创新来推动个体进步，用自我价值的实现来维护个体和谐。

第四节 发挥党员先进性构建和谐校园环境

一、构建和谐学院发挥党员作用的必要性

社会和谐是中国特色社会主义的本质属性，党中央在结合当前社会形势的情况下，适时提出了构建和谐社会的设想和目标。"和谐"是指构成整体的各个要素间要协调统一，优势互补，相互促进，合作互利，以达到整体优化，找到最佳发展点。和谐校园是社会和谐的重要组成部分，是学校事业发展的重要表现，而和谐学院又是和谐校园文化建设的重要一环。和谐学院主要是指以和谐共济、内外和顺、协调发展为核心的一种教育模式，是以学术、教师、学院、学校发展为宗旨的整体效应。学生和老师在和谐学院的环境中，心情愉悦，沟通良好，学习和工作都可能取得更大的成绩。

和谐学院的要素包括组织结构要素的和谐、教育环境的和谐、教师间人际关系的和谐、学生间人际关系的和谐、师生关系的和谐以及自我教育、家庭教育、社会教育和学校教育的和谐等。这就是说，和谐学院是学院结构、质量、效益、规模和建设速度的和谐，是学院人际关系的和谐，是校园内外自我教育、学校教育、家庭教育和社会教育的和谐统一。具体到一个学院内部来说，和谐学院应集中体现在学院充满活力，人际关系诚实友善以及安定有序的状态。

（一）和谐学院是一个充满活力的学院

充满活力，既包括教师队伍充满活力，也包括学生集体和个人积极向上的风貌。教师方面、人际关系和谐，团队精神强烈，在教学和科研方面都走在学校的前列。学生方面，学生努力学习，积极参加社会实践活动、体育活动和科技创新活动，班级之间与学生之间乐于开展各种竞赛，在活动中坦诚

交流，共同提高。学生积极发挥自己的聪明才智，富有动手积极性和能力，在科技作品竞赛中展示自己和团队的作品。

（二）和谐学院是诚信友爱的学院

诚信是中国最基本的道德规范之一。建设和谐学院要大力强调诚信友善，就是学院师生要做到诚实守信、平等友爱、融洽相处。诚信不仅需要道德的宣传，也需要强调法律知识、市场经济条件下的法制，更强调公平守信。和谐学院离不开学生之间和师生之间以及教师之间的团结友爱，教师爱护学生，学生之间互相关心，学院所有师生员工关系和谐。

（三）和谐学院是一个安定有序的学院

学校进行平安学院建设，学院也积极进行创建平安学院。学院师生的人身和财产安全，没有遭受重大损失或者危险；学院师生心理安定，都为学院的发展感到自豪；学院的教学活动和社会活动有序进行，学生的学习和竞赛活动有序开展。

构建和谐校园是促进学院事业全面协调发展的现实需要，也是增强学院创造活力和实现学院安定有序的现实需要。要构建和谐学院，更需要上下结合，内外互动，做大量艰苦细致的工作。但是需要重点强调的是，党是构建和谐学院的核心主体。无论是促进学院事业的全面协调发展，增强创造活力，还是实现学院的安定有序，都离不开学院党组织的坚强领导，也离不开师生党员的积极参与。所以，加强学院党组织的先进性建设，是构建和谐学院的根本保证。

二、党员先进性在构建和谐学院中的重要性

党员先进性在构建和谐学院的重要性主要体现为以下几点：

第一，党员先进性建设为构建和谐学院提供思想保证。在构建和谐学院过程中，要坚持以马列主义、毛泽东思想、邓小平理论、"三个代表"、科学发展观和新时代中国特色社会主义思想为指导，坚持社会主义办学方向，只有这样，才能在构建和谐学院中保持正确的政治导向、价值导向和行为导向。

第二，党员先进性建设为构建和谐学院提供组织保证。党的基层组织是党建设和谐社会的重要战略资源。在和谐学院建设中，党的基层组织活了，和谐学院建设就有了支撑力量，就有了雄厚的组织资源和社会基础。离开学院党组织的战斗堡垒作用，师生员工的心就难以拧成一股绳，和谐学院的建设便无从谈起。党员先进性建设的重要内容就是要努力加强党的基层组织建

设，充分发挥基层组织的战斗堡垒作用，这对于和谐学院建设起着重要的组织支撑作用。

第三，党员先进性建设为构建和谐学院提供力量保证。建设和谐学院，需要学院师生共同努力，特别需要广大党员在学院各项事业中发挥带头作用，共产党员先锋模范作用的发挥是建设和谐学院的重要力量。教师党员教书育人的水平影响着和谐学院的教风、学风的形成；大学生党员在学风、学院文化建设等各个方面发挥的重要作用影响着和谐学院建设水平。加强党的先进性建设，就是要提高每一个党员的素质，发挥每一个党员的先锋模范作用，带领师生出色地完成构建和谐学院的各项任务。

三、在和谐学院建设中发挥党员先进性的措施

发挥党员的先进性，构建和谐学院，学院可以采取以下措施：

第一，搞好党员的培训和学习。

党总支通过开展民主生活会和支部书记学习会等形式，营造良好的学习氛围，形成党总支领导带头学、支部书记督促学、党小组组织学、党员个人自觉学得良好局面。而且，学院进一步加强先进性教育与和谐社会内涵的教育包括：一是加强传统教育，深刻领会党的先进性内涵；二是加强政策形势教育，清醒认识保持共产党员先进性的必要性；三是加强师德师风教育，把党员培养成教职工楷模；四是加强教育改革与发展的教育，促进党员教师以先进的教育理念和行为影响人、感染人。总体来说，通过主辅结合，以灵活的方式落实学习，以自学为主，辅导为辅；分散为主，集中为辅；体验为主，说教为辅。通过扎实有效地学习，增强广大党员的党员意识。

我是党员，心系群众，献身教育是我们坚定的信念；

我是党员，乐为人梯，无私奉献是我们高尚的情操；

我是党员，关爱学生，悉心育人是我们的敬业精神；

我是党员，严格要求，工作模范是我们始终的准则。

"我是党员"，不仅是个响亮的口号，更是统一思想、团结奋斗的旗帜，更是稳定人心、共图发展的宣言。"我是党员"的共鸣，在学院教职员工中成为你思想核心和主导，为学院发展营造和谐的思想氛围。

第二，创造良好的环境。

学院通过多种途径来营造良好的育人环境和教育环境，发挥党员先进性，构建和谐学院。学院通过充分自觉发挥共产党员的先锋模范作用，大力推进民主法治建设，把科学决策，民主管理办学理念真正落到实处，倡导宽容谅解的社会理念，培养与人为善的积极心态，畅通师生民主管理的渠道。学院

以党代会为契机，大力宣传党的和谐社会理念，在学生中倡导互相帮助、共同进步，通过观看电影，感受英雄人物的先进精神，营造良好的氛围。

第三，树立典型形象。

学院尊重教师，对具有与时俱进的教育思想和教育理念，时刻站在教育改革与发展的前列的教授予以充分肯定。把具有渊博的知识和精湛的业务水平、在教育教学的各项工作中做出一流成绩的教师，树立成为教师中的学习榜样。另外，学院组织教师到革命老区参观，一方面感受大自然与当地人民勤劳简朴的精神，另一方面，增加教师间的交流，改变教师平时见面不多的局面。在学生方面，学院表彰一批学习和社会实践突出的典型，并且让学生作主要评委，动员学生积极参与，不仅在学生中树立先进形象，而且把评选过程当作一个良好的教育过程。

第四，组建党员突击队。

为了实现和谐校园、和谐学院，同时也为了实现建设平安校园、平安学院，学院在学生中组建了党员突击队。党员突击队的成立，充分发挥了学生骨干党员的作用，做到把党组织的视角时刻寓于群众之中，可以增强遇到突发事件的应对能力。学院将加强对党员突击队员的培训，同时进行预演。只有平安才会有和谐，因此，建设平安学院也有礼地为构建和谐学院奠定了坚实的基础。

第五节 和谐校园建设与高职学生思想政治教育

大学生是党和国家的宝贵人才资源，是建设和谐社会的重要力量。作为思维最为敏锐的青年群体，在这里深刻变化的时代，他们承受的学业、心理、就业等方面的压力比过去都增加了，极易出现不和谐的情况，更需要加强思想政治教育。

一、加强和改进大学生思想政治教育工作是构建和谐社会（校园）的必然要求

"和谐社会"成立当今时代的热门词汇。和谐社会的内涵即建立一个"民主法治、公平正义、诚信友爱、充满活力、安定有序、人与自然和谐相处的社会"。和谐社会是一个以人为本、经济社会全面发展的社会，是一个把公平和正义作为核心价值取向的社会，是法制健全、管理有序的社会。"和谐社会"理念不仅对树立和落实科学发展观、实现经济社会协调发展、维护社会长治久安具有极为重要的意义，而且也为加强和改进大学生思想政治教育指明了

新的方向。

（一）将大学生的思想政治教育工作纳入构建和谐社会的理念视角，与中国传统文化中丰富的和谐思想密切相连

建立平等、互助、协调的和谐社会一直是人类的美好追求。中国和西方的古代哲人都有"大同思想"和"理想国"的构想。荀子说："万物各得其和以为生，各得其养以成"。"和谐"与"中道"被认定是人生的最高境界。中国自秦汉以来就是一个统一的多民族国家，是人类历史上多民族和谐共生的样板。在我们党的历史上，历来重视对青年学生进行爱国主义教育，事实上已经把思想政治教育纳入了和谐社会的视阈。

（二）大学生思想政治教育与和谐社会的本质是一致的

坚持培养"和谐的人"是构建和谐社会的主体，主体不和谐就不可能形成和谐的社会。爱因斯坦在《论教育》中说："学校应该永远以为为目标，学生离开学校时是一个和谐的热，而不是一个专家"。联合国教科文组织著名报告《学会生存》指出："应该把培养人的自我能力，促进人的个性全面和谐发展，作为当代教育的基本宗旨"。我们应当把服务和谐社会建设作为大学生思想政治教育工作的重要目标，纳入大学生思想政治教育总体规划，以培养"和谐的人"为己任，引导大学生树立科学发展与和谐发展的思想观念，全面推进素质教育，坚持德育为先，德智体美劳五育并举，相互渗透，注重发展良好的个性，强化和创新精神和实践能力的培养，做到"既然授之以鱼，又授之以渔"，使他们学会做人、学会学习、学会思考、学会生存、学会发展。

（三）和谐社会理念有利于加强和改进大学生思想政治教育

国际经验表明，当一个国家人均 GDP 进入 1000—3000 美元的时候，该国家则进入了矛盾的凸显期。各种经济社会矛盾处理得当与否，事关经济的发展和社会的稳定。当前，我国已经进入人均 GDP1000 美元阶段并正向新的目标迈进。当代大学生作为思维极其敏锐且乐于接受新鲜事物的青年群体，在这个深刻变化的形势中，承受的家庭、学业、心理、就业等方面的压力比过去都增加了，极易出现发展不和谐的情况。因此，为了校园的和谐和社会的稳定，我们应该在和谐社会理念的指导下加强和改进大学生思想政治教育工作。

二、当代大学生思想上存在的与社会不和谐的突出问题及成因

2004 年 8 月 26 日，党中央颁布了《关于进一步加强和改进大学生思想政治教育的意见》指出：当代大学生思想政治状况的主流是积极、健康、向上的。同时强调，国际国内形势的深刻变化，使大学生思想政治教育既要面临有利条件，也要面临严峻挑战。面对新形势、新情况，目前，大学生思想政治教育工作还不够适应，存在不少薄弱环节，以致大学生思想存在以下问题：

（一）部分大学生的政治意识淡薄

部分学生对中国特色社会主义的认识还停留在感性的、片面的、模糊的甚至错误的层面上，对现实社会正是生活中存在的一些问题感到困惑不解，在政治取向上具有明显实用、功利的特点。这与构建社会主义和谐社会的目标是不适应的。

（二）部分大学生的价值观念发生了变化

调查显示，有近 45% 的学生信仰合理利己主义，艰苦朴素的作风淡化，生活上追求奢华；思想观念与个人行为产生矛盾，并且具有明显的双重性，理论上知识的标准与实际行动的标准不一致，积极向上的思想观念和个人行为中的个人功利主义倾向发生冲突；道德伦理观念淡薄，精神文明素质较低，道德背离的现象日益突出。

（三）大学生心理问题日益突出

随着高等教育体制改革的深入，大学生的心理状况出现了种种问题。高额的学费带来的经济压力，激烈竞争带来的学习压力、高校扩招和双向选择带来的就业压力，使得部分学生感到不堪重压，心理问题日益增多。心理脆弱，经不起挫折，他们一旦遇到困难，遭受挫折就怨天尤人，垂头丧气，牢骚满腹，悲观失望，甚至轻生。

上述问题的发生有着极其复杂的原因，由于受社会大环境、家庭教育和大学生思想政治工作相对滞后等诸多因素的影响，学生思想状况必然呈现出更加多元和复杂的趋向。其影响大致来自以下几个方面。

1. 来自社会大环境的影响

由于过去七八十年代的有着围墙的大学转变为 90 年代的大学生没有了明确的校园概念，大学生的社交、娱乐甚至学习、社会工作都呈现出走出校园、走向社区和社会的趋势，特别是随着当前信息交流方式的多元化尤其是互联

网的运用及普及，使大学生在接受学校思想政治教育的同时，也受到了来自社会上各种思想的影响。

2. 来自就业、经济压力的影响

面对目前严峻的就业形势以及家庭经济贫富差距的扩大，大学生毕业后在找工作上将面临巨大的压力，来自家庭经济方面的压力也比以往增强，使得许多大学生难免产生一些思想上和心理上种种问题。

3. 来自家庭教育失误的影响

现代家庭的独生子女教育问题是不容忽视的，总体上来讲，现在家庭的父母是十分重视对子女的教育培养的，但是由于其溺爱心理所致，实施的培养教育内容有较严重的偏差，呈现出重物质追求，轻传统道德的灌输教育，重技能培养，轻思想道德素质教育的倾向，导致青年学生从小娇生惯养、我行我素，一切都以自我为中心。

4. 来自思想政治工作相对滞后的影响

在新的形势和任务面前，高校始终未能紧跟时代发展而明确地对大学生的思想政治教育提出分层次和更有针对性的目标，高校思想政治工作长期未能摆脱"一锅煮"和"一刀切"的束缚。

大学生思想政治教育存在的这些问题，如果不采取积极措施加以解决，长此以往，将不利于和谐校园、和谐社会的建设。因此，新形势下，加强和改进大学生思想政治教育十分迫切。

三、和谐社会视野下加强和改进大学生思想政治教育的基本途径

建设社会主义和谐社会，是一个富有时代意义的新课题，大学生思想政治教育工作者必须从和谐社会的基本要求出发，从高等学校的实际情况出发，结合大学生群体和个体的基本特点，采取切实有效地措施，进一步加强和改进大学生思想政治教育，促进大学生和谐成长与成才。

（一）全面加强政治理论、哲学社会科学和其他课程建设

把马克思主义中国化的最新理论成果贯穿于哲学社会科学教学活动之中，用科学的理论和先进的文化武装和培育大学生，紧密围绕大学生普遍关心的、改革开放和现代化建设中的重大问题，做好解释解惑和教育引导工作，切实履行哲学社会科学课程在大学生思想政治教育中的重要职责。

（二）大力倡导"诚信"理念

诚信是最基本的道德规范之一，现代信用制度是社会主义市场经济体制

大厦的重要支柱。但是，当前社会信用制度缺失已经成为一个比较突出的问题，这就要求在全社会范围内深入开展诚信教育。强调诚信友爱，就是全社会诚实守信、全体人民平等友爱、融洽相处。

（三）坚持日常教育与网络教育相结合

面对在校大学生几乎全部"触网"的现实，针对大学生正处在价值观形成的重要阶段，极易受到网上不和谐舆论的影响，必须坚持日常教育与网络教育相结合，充分发挥学校教师、党团组织的教育引导，按照"积极发展、加强管理、趋利避害、为我所用"的方针，利用互联网有目的地进行社会主义意识形态的灌输和引导。

（四）认真解决大学生的实际问题

大学生的思想问题往往是因实际问题而产生的，思想政治教育如果不同解决实际问题相结合，就很难有说服力。因此，要解决学生的思想问题，就必须努力解决学生的实际问题。这就要求我们在做大学生思想政治教育时，应动员全社会力量尽可能多帮助大学生尤其是困难群体妥善解决问题。从当前高校的实际看，一是认真做好经济困难学生的助学工作，帮助经济困难学生顺利完成学业，是社会公正度、和谐度的重要体现，是一种最直接最有效最能让学生理解和谐社会深刻内涵的思想政治教育。我们必须进一步完善助学体系，建立健全经济困难学生的生活保障机制，让他们充分感受到党和政府以及社会对他们的关怀和温暖。二是认真做好大学生就业指导和服务工作，随着高等教育大众化进程的加快，大学生就业难的问题越来越突出。就业是民生之本，也是构建社会主义和谐社会的重要内容。

（五）高度重视大学生心理健康教育

就大学生这个群体而言，近几年，由于社会竞争日益激烈，他们在学习、就业等方面都面临着巨大的压力，由此引发的心理问题不断增多，影响了他们的全面发展。因此，要深入开展大学生心理健康教育，坚持"以人为本，促进发展，立足教育，重在预防"的工作理念，按照"整体推进，分层实施、有的放矢、创新发展"的工作思路，切实把大学生心理健康教育工作落到实处。

总之，建立和谐社会是富有时代意义的新课题。对于大学生思想政治教育而言，它展开了一个充满未知数的广阔的空间，我们要与时俱进，不断创新。

第六节 关于和谐校园建设与大学生人文素质的思考

近日一则报道，中国香港《文汇报》载文称，调查发现公众对当代大学生的评价很不理想。绝大多数调查对象认为大学生目前的主要问题是"精神萎靡不振"，持大学生"学习态度非常好"的比例只有 8.5%。一时间，大学生被指成为"垮掉的一代"，"大学生在公众中的形象已经跌到 20 年的最低点"。大学生在公众眼里不再是有思想、有活力、有希望的象征，而是懒惰、骄横、迷惘的代言人。

事实是否真如媒体所说？理想中的年轻人是否真的开始走向堕落？如果现实果真如此，这将是与我们当下所高扬的主旋律——建设"和谐"社会格格不入的。众所周知，高等学校是社会的重要组成部分，和谐校园的构建就是和谐社会的重要内容。因此，我们首先应该正视现实，发现和剖析当今校园里出现和蔓延的发生在大学生身上的不良习气，真正从根本上解决大学生和高校校园存在的问题，全面提高大学生人文素质，从而构建和谐校园文化。

一、现状：高校不和谐音符

《文汇报》中调查结果绝非偶然，近年来，高校校园内发生的事件发人深思。归结起来，当代大学校园内存在着以下几种反差和不和谐。

首先，一些大学生缺乏最基本的对人性的认知和对生命的尊重。

2002 年 2 月 23 日，清华某大学生"为了测试熊的嗅觉"将硫酸泼向北京动物园的国家一级保护动物。无独有偶，事隔 4 年后，2006 年 12 月 7 日，复旦大学一研究生在半年之内，从网友女户领养了近 20 只小猫，对着小猫先残害了再脾气。事情的发展绝非偶然，只要不从根本上找出问题的症结和得以解决，类似的事件仍会发生。毫不夸张地说，"伤能"和"虐猫"事件反映出的是大学生首先作为一个人，一个有感情有仁慈之心的人的人性的缺失。

任何时候，"善"都应该是我们这个社会多需要的，而对生命的敬畏则是对善的最基本的要求。发生类似的残害动物，模式人性的行为的愿意之一是，我们的教员充实，法国学者尔·诺丁斯在《学会关心》里就是指出：有些人真诚地关心知识，但精神匮乏，对任何人或事物都漠然视之，在漫无目的的人生路里有没有关心，也没有信仰。现行的教育似乎只关心已有的知识和概念，使人的理性和抽象性思维得到强大和反正，而人的感情因素却被忽视，对于世界以及世界上的人、动物，没有发自心的动物，没有发自内心的思考和关注。

其次，一些大学生道德失衡和理想危机。

不论是当前社会市场经济的影响还是"拜金主义"的诱惑，都导致一些在校大学生追求的畸形、奢侈等现象的出现。高校盲目消费、攀比消费，甚至浪费现象非常普遍，一些大学生不再把节约当作一种美德，更为严重的是，这些大学生更多的是否有辨别善恶、好坏的道德能力，以及辨别美丑的审美能力。

另外，一些大学生心理脆弱，容易受挫。

近年来，大学生自杀现象层出不穷，有的因为学校压力大；有的因为无法正常营业，不能适应应环境，有的则因为感受受挫，一时冲动自杀。

二、原因：综合因素导致大学生问题的产生

大学生中出现上述问题并不是单一的因素造成的，概括起来，大致有以下几个方面的原因：

首先，学校及社会过度强调知识传授，缺少人文教育。

从小学到中学再到大学，当代青年所有的时光几乎都是在应试教育的重压下度过的，学生的人文教育没有得到应有的重视。

据 2005 年 12 月 13 日《中华读书报》报道，当下的青少年读名著的越来越少。在课堂之外，他们拿起的是漫画、时尚读物；在家里，他们点击网络小说，拿起游戏手柄。有不少青少年以感情为游戏，享乐青春，封闭自我，远离现实生活，沉迷于虚拟的空间之中，用幻想编织着自己虚拟成功的未来。

当今教育的一大弊端是重智育、轻德育。这种倾向至今没有得到根本改变。从小学、中学到大学，老师要的是分数，家长要的是分数，评价学生更是看重考分，这种只重智力发展，不重思想道德的教育方式，直接导致学生不会真正思考关于生命和人性的问题，使学生热情感教育严重缺失，从而缺乏对生活的热爱和对生命的尊重。

其次，社会大环境带给学生的负面影响。

改革开放以来，社会上一些错误、腐朽的思潮也沉渣泛起，侵蚀着人们的灵魂，现实生活中诚信缺乏，道德失范、假冒伪劣、欺骗欺诈、豪华奢侈、以权谋私、贪污腐化、官僚黑幕等消极腐败现象屡禁不止，使人与人之间的关爱和信任出现危机，这种潜移默化的影响不能轻视。

同时，家庭教育方式的不当也会给学生造成负面的影响。长期以来，在

高考指挥棒的调遣下，学校和家长在教育学生的过程中往往采用应试教育的方法，只重视智力教育，而没将培养学生心理素质渗透到其中，忽略了学生健康人格的培养。相当多的家长在子女考入大学后将更多的精力转移到提供经济支持上，而对子女的心理成长问题则关注不够。

再次，来自各方面的压力增加，导致心理紧张和行为失常。

大学阶段学习方式的转变是对学生的一大挑战，进入大学学习的学生不少在中学期间成绩较好，他们个性强，有上进心，加之社会上各种竞争加剧导致心理过度紧张失衡，另外，大学生人际关系方面的压力也会导致心理失衡。

三、对策：全面提高大学生人文素养构建和谐校园

面对当代大学生出现的众多的"不和谐音"，应该从本质上提高大学生素质，让学生拥有健康的心理和健全的人格，才能真正构建和谐校园。

其实，在我国，讲求人文关怀，注重和谐观念，古已有之。儒家思想的代表孔子就是"和"学思想的倡导者。孔子从"修身、治国、平天下"的前提出发，宣扬一种和合相善的伦理美学。儒家学说的理论基础"仁学"强调人与社会的和谐统一，凸显人格的高尚与完美，把美与善交融统一，寻求审美与人生的契合。在孔子的心目中，"仁"就是一种善的表现，也体现了一种美的境界。

把"仁义"之"和"的思想贯穿在实际生活中，对人提出了"美"的双重标准：意识社会美德文与质的和谐统一；一是艺术中的美育善的和谐统一。可以说，孔子的"美"的标准和今天说的"人文素养"不谋而合。

在当代，对"人文素养"的定义和内涵说法不一，有的学者将其定义为"人文素养教育就是将人类优秀的文化成果，将人文科学通过知识传授、环境熏陶，使之内化为人格、气质、修养，成为人的相对稳定的内在品格。"也有学者认为，人文素质教育"就是旨在培养学生人文精神、提高学生人文素养的教育"。不难看出，这两种定义都是从素质教育的角度将人文素质视为人的素质组成之一来看待的。

全面提高大学生人文素养，应该注重以下几个方面：

首先，注重校园文化建设，营造良好的人文氛围。

校园环境的人文氛围，对大学生具有强大的潜移默化的作用。加强校园文化建设，一是开办系列人文社会科学讲座，帮助和知道大学生如何提高自身的人文素质；二是开展健康向上、格调高雅、内容丰富的校园文化生活，如各种艺术节、演讲比赛、影展等；三是建立一些人文社团，如摄影、书法、文学、音乐等方面的协会；四是加强校园自然景观、人文景观

的建设，突出大学的大学精神和理念，使大学生在优美的校园环境中受到启迪和熏陶。

其次，加强大学生心理干预，提高学生心理保健的意识和知识。

学校应开设心理卫生必修课、选修课、讲座，系统地对学生进行心理卫生教育。通过多种渠道进行心理卫生知识宣传、普及，建立健全心理咨询、心理辅导类机构，提高心理咨询工作水平。

最后，科学运用网络开拓文化建设阵地，正确进行舆论引导。

网络的虚拟性、交互性为高校工作创造了新的空间，成为思想政治教育的心在跳。高校可以根据学校实际开辟不同类型的网站，如：校园生活网、心理咨询网、人文素养网等。通过网上讲座、论坛、对话等宣传教育，加强对学生的自律教育，使网络成为思想政治教育的新途径、新阵地。同时，高校也可以利用校园 BBS 站加强对学生的引导教育。

和谐的校园文化来自大学生内心真正的健康和积极向上，只有真正从提高学生人文素养入手，才能消除高校校园内不和谐因素，真正构建一个健康、平安的和谐校园。

第七节 和谐校园建设与高职院校学生就业

在就业压力增大、就业形势严峻的情况下，高职毕业生在就业过程中暴露出的一些新问题，给学校、社会，特别是在校学生带来一定的影响。这就要求高职院校围绕培养目标办出高职特色，正确引导学生，端正就业认识，以促进毕业生充分就业和满意就业，为构建和谐校园做出新的贡献。

一、高职毕业生就业现状分析

（一）就业形势严峻

随着高职院校扩招，近几年高职院校毕业生每年都以 20% 的速度剧增，作为占有高等教育"半壁江山"的高职院校也不例外。加上全国新增城镇劳动力、企业下岗职工、农村富余劳动力向城市转移，进一步加剧了毕业生就业工作的压力和难度，毕业生就业形势十分严峻。

（二）就业目标局限

一是希望进政府机关、银行、事业单位，希望进高薪的大公司、大企业就业，限制了择业面。二是希望到条件较好的大中城市，不愿到基层、到欠发达地方。

（三）眼高手低，就业稳定性差

就业"大众化"必然使大学毕业生由过去所谓的社会"精英"逐步转变为普通劳动者。由于不少学生在校期间头上总是罩着一个美丽的光环，"君子动口不动手"，实践环节薄弱，缺乏实际动手操作能力。毕业后，对就业期望值过高，即使进入工作岗位，也总觉得"小岗位"容不下自己的发展空间，很难踏踏实实从基础岗位做起，更不能从中学到真正有益的工作经验，当工作与期望值不一致时就会考虑跳槽。正是这种左顾右盼、犹豫不决的心态，让他们在寻找机会的同时失去了机会。

（四）自卑心理严重

由于许多用人单位都需要高学历毕业生，导致高职院校的学生心理上不平衡，情绪低落，放松对自己的要求。由于自卑心理，影响了高职学生求职应聘。

（五）法律意识淡薄

一是签订就业协议的学生毁约现象非常普遍。二是个别学生为了就业，耍小聪明，随意更改求职材料。其实毁约、更改信息等行为不仅使大学生个人诚信打了折扣，也降低了学校与用人单位间的信任度，可能直接影响到下一届学生的就业。

（六）社会偏见依然存在

由于部分高职生的基础较差、专业思想不牢固，导致毕业生无法胜任相关工作，影响了社会对高职院校的认可度，不能对高职教育的地位和作用做出正确的评价，往往将高职院校视为"非正规"学校，认为只有成绩差的人才上职业院校，没有看到高职生的长处。这些误解与偏见给高职院校毕业生就业带来了一定的影响。

二、高职生就业问题对构建和谐校园的影响

近几年，大学生就业工作得到了社会各界的高度重视和广泛关注。大学生就业工作对建设社会主义和谐社会具有积极的推动作用和重要的现实意义。然而，高职学生就业过程中出现的诸多突出问题，对构建和谐校园造成了一些影响。

（一）就业稳定性差，"跳槽"现象频繁，给和谐校园建设带来不稳定因素

求职就业阶段是大学生人生发展历程中的重大转折时期，是大学生从"自然人"向"社会人"过渡的重要阶段。但由于外部环境因素、学生自身因素等多种因素的共同作用，使得许多高职生在求职过程中，呈现知识化程度高而社会化程度低；情绪波动度高而自抑程度低；自我认可度高而人际协调能力低；成材急切度高而抗挫能力低的就业心理特征。这种就业心理理念，严重影响了高职生求职就业活动的顺利开展，同时也造成和谐校园建设出现不稳定因素。

（二）职业能力偏低，法制意识不强，直接影响高职院校的发展

高职院校培养的是高素质的人才，加上目前高职生专业对口就业人数偏少，不少学生就以为所学专业没什么作用，在校期间不重视专业理论的学习。同时又不肯吃苦，不积极参加教学实习实践活动，动手能力差，导致走上工作岗位后，由于专业理论、动手能力差而不受用人单位欢迎。一些毕业生法制意识淡薄，不诚信就业，随意违约，不仅给自己和用人单位带来了损失，而且也损害了学校声誉，直接影响了在校生的就业工作。

（三）就业期望值过高，功利性明显，影响学校就业工作的开展

与其他大学生一样，高职学生对自己的期望值过高，总是希望到政府机关、事业单位或薪酬待遇好的大型企业就业，想到大城市、沿海发达城市就业，却不想到基层、艰苦的地方就业。因此，就业单位迟迟难以得到落实，这不仅给学校就业工作带来了困难，而且给在校学生带来了一些负面影响。

（四）高职毕业生供求矛盾突出，就业率不容乐观，给和谐校园构建造成影响

随着高等教育事业的快速发展，毕业生人数在不断增长。党政机关目前只能通过公务员考试接收少量毕业生，事业单位人事制度改革正在进一步深化，接收毕业生数量也极为有限。从当前我国经济的发展和社会改革的形势看，非公有制经济单位发展迅速，很多三资企业、股份制公司、民营企成为接收高职生的又一主渠道，但毕业生选择这些单位就业还仅限于大中城市，造成供求矛盾日益突出。

三、解决高职生就业问题的对策

构建社会主义和谐校园，高职生就业问题的解决，任重而道远。谓其任重，一是就其重要性而言，"就业是民生之本，也是安国之策"，实现比较充分的就业，乃是构建社会主义和谐校园中应有之意和重要的价值取向之一；二是就其繁重性而言，当前乃至今后相当长的一个时期，毕业生供求矛盾日益突出，就业任务十分繁重。谓其道远，职生就业问题不仅是一个重要的现实紧迫问题，更是一个长期的重大战略问题。而对于培养高层次技术性人才的高职院校来说，要将大学生就业工作当作学校的头等大事来抓，学校的一切工作要体现就业为中心，随着形势的发展，及时调整和加强就业工作，为高职生服务，推进和谐校园建设。

（一）更新观念，与时俱进，树立科学的就业观

要从转变教职工的观念开始，通过各种形式的教育活动帮助全体学生转变就业观念，树立办学就是为了就业的观念，结合国情，面对社会现实从广义上理解就业的内涵，指导学生顺利就业。

（二）推行全新的就业与创业指导模式

要将高职院校的就业指导与创业指导工作贯穿于教育的全过程，实行全程化指导。要从关系到高职生择业、就业、创业的深层次指导着手，在就业观念、职业能力、敬业精神、团队意识等方面给予个性化指导，将职业生涯规划列入教学计划或素质拓展计划，加强实践性教学环节，培养学生分析和解决问题的能力。

（三）进一步完善高等教育人才培养模式

政府应为各级各类高职院校准确定位。高职院校应把培养应用技术型人才作为主改方向，从培养目标、课程设置、教学管理、实验实训等各个环节进行综合考虑，着重培养学生的综合素质及实践技能，为社会输送"能工巧匠"。

（四）坚持招生培养与市场需求的和谐

高职院校的根本任务是培养人才，在社会主义市场经济条件下，高职院校要实现全面、协调、可持续发展，必须按需培养人才，做到招生培养与市场需求和谐一致。所以，各高职院校要加强市场调研，进行科学预测，提高就业工作的计划性、前瞻性和科学性，制定学校发展的长远规划，避免短期行为。根据市场需求，结合自身条件和特点，调整学科专业，"生产"特色

"产品"，以特色求生存，求发展，坚持厚基础，宽领域的质量观，强化动手能力、创新能力培养，全面提高学生综合素质，科学确定各学科的招生规模，构建和谐校园快速、稳健的发展。

四、构建提高高职学生就业能力的培养体系

（一）坚持"以就业为导向"的办学理念，树立正确教育质量观是高职学生就业能力培养的关键

近些年，随着我国高等职业教育的迅速发展，高职院校招生和在校生规模持续增加，高等教育已经从"精英化"阶段转向"大众化"阶段发展。高等职业教育是我国高等教育大众化的重要载体之一，具有鲜明的职业性、社会性、人民性特点。高等职业教育的特点决定了高职院校必须注意调整单一的技术教育加人文教育的培养模式，而更注重专业技能和就业能力的培养。在高职院校办学规模已经占据整个高等教育的半壁江山的今天，学生及其家长既希望能够接受优质的高等教育，同时更希望在未来的职业选择和发展中能具有较强的竞争力。因此，坚持"以就业为导向"的办学理念，树立正确的教育质量观是高职学生就业能力培养的关键。

（二）创新产学结合的"订单式"培养模式，打造全真实训基地是高职学生就业能力培养的保障

高等职业教育的人才培养目标是培养社会需求量大、实践能力强、职业素养好的高技能专门人才，要实现这个培养目标，高职院校和企业就必须通力合作、产学结合。产学结合有多种方式和途径，其中，"订单式"人才培养模式在产学结合的诸多模式中具有独特的优势，能够把教育与经济更紧密地联系在一起。高等职业院校可以根据市场和"订单"企业对人才在技能方面的实际需求，与企业共同制定培养方案和教学大纲，可以根据企业的环境和文化有针对性的培养高职学生的职业素养和综合素质。采用"订单式"培养模式培养出来的高职学生由于在校期间就已经在非常接近市场和企业的实训基地学习，因此具备更扎实的技能，更强的实践能力，更好地职业素养，更高的就业能力。因此，创新产学结合"订单式"培养模式，打造全真实训基地是高职学生就业能力培养的保障。

（三）加强就业指导服务体系建设，是提高高职学生就业能力的主要方法

高职院校要想切实提高高职学生就业能力，使高职学生能够顺利就业，

除了坚持"以就业为导向"的办学理念，树立正确教育质量观，创新产学结合的"订单式"培养模式，打造全真实训基地外，还必须采用多种丰富、适合学生的具体方法来提高高职学生就业能力。

1. 通过开设就业指导课程提高高职学生的就业能力

高职院校可以安排就业指导教师采用课堂授课等多种方式，帮助高职学生系统的分析面临的就业形势，学习国家级地方的就业、户籍政策和劳动法规，掌握简历制作及求职面试方法和技巧，使高职学生对就业过程各个环节有全面、正确的认识。

2. 通过开展校园文化活动提高高职学生的就业能力

学生往往非常乐于参加各种丰富多彩的校园文化活动，高职院校可以根据这个特点，开展多种与就业能力培养相关的活动，如聘请企业自身人力资源专家做企业人才需求方面的讲座，邀请校友座谈在校学习与在职场工作的关系等，使高职学生树立正确的就业观。

3. 通过开展暑期社会实践活动提高高职学生的就业能力

高职院校应发动高职学生充分利用暑期社会实践的机会，到企业中去亲自感受一下企业文化、工作氛围和竞争意识，了解企业所需人才和自身之间存在的差距，从而增强高职学生的学习自觉性和就业的主动性。

4. 通过毕业实习环境提高高职学生就业能力

毕业实习是高职学生迈出校门、走向社会的最后一个教育教学环境。实习环节完成的质量高低直接关系高职学生的就业质量。高职院校可以在实习环节帮助高职学生适应社会生活，顺利完成从学生到职业人角色的转换，为高职学生的全面健康发展打下坚实基础。

5. 通过完善就业信息网络建设提高高职学生就业能力

在网络发达、咨询丰富的今天，及时掌握大量有效、翔实的企业用人需求信息，对促进高职学生顺利就业有很大的帮助。高职院校应积极与企业、市场和社会联系，不断完善就业信息网络建设，通过信息网络将企业的基本情况、技术方向、人才需求及发展前景等高职学生就业过程中非常关注的重要信息及时发布给高职学生，以提高高职学生就业能力。

参考文献

[1] 田庄. 刍议和谐校园建设背景下的高职院校学生管理工作 [J]. 考试周刊, 2010（22）：197-198.

[2] 胡艳芳, 李国涛, 张莹. 浅析高职院校和谐校园文化建设 [J]. 中国成人教育, 2007（9）：88-89.

[3] 隋步景. 试论高职院校和谐校园的构建 [J]. 学校党建与思想教育, 2007（8）：9-10.

[4] 陈霞. 试论高职院校创新型和谐校园建设 [J]. 学校党建与思想教育（上半月）, 2007（10）：51-52.

[5] 吴兴富. 高职和谐校园建设的新思路 [J]. 武汉职业技术学院学报, 2007（6）：33-35.

[6] 安轶超. 高职院校和谐校园的构建 [J]. 郑州航空工业管理学院学报（社会科学版）, 2009, 28（3）：174-175.

[7] 邢平均. 高职院校和谐校园建设的主要目标与基本途径 [J]. 陶瓷研究与职业教育, 2009（4）：5-8.

[8] 王雷雷. 构建和谐校园文化促进高职学生管理的探析 [J]. 中小企业管理与科技（下旬刊）, 2014（12）：256-257.

[9] 韦国贺, 潘善初. 现阶段高职学生管理存在问题及对策研究 [J]. 河北农机, 2013（3）：72-73.

[10] 杨燕. 关于高职院校和谐校园文化建设的思考 [D]. 济南：山东师范大学, 2009.

[11] 姜荣. 基于以人为本思想的高职院校学生管理工作 [J]. 教育与职业, 2013（23）：27-28.

[12] 伍俐霖. 以人为本高职学生管理体系构建思考 [J]. 时代农机, 2016（5）：132-133.

[13] 丁荣晖. 高职院校"以人为本"的学生管理方式研究 [J]. 科教导刊（上旬刊）, 2015（2）：140.

[14] 王继鑫. 以人为本的高职院校学生管理工作研究 [J]. 科教导刊（中旬刊），2015（11）：163-164.

[15] 郑孝闽子. 以人为本在高职院校学生管理工作的探究 [J]. 黑龙江教育学院学报，2015（10）：30-31.

[16] 敬阳. 以人为本的高职院校学生管理模式探究 [J]. 教育观察（下半月），2017（4）：71-72.

[17] 邓玲. 坚持以人为本提高高职学生管理有效性 [J]. 当代教育论坛（管理研究），2010（8）：20-21.

[18] 杨大鹏. 以人为本的高职院校学生管理工作探析 [J]. 现代国企研究，2017（24）：157.

[19] 王清. 以人为本理念在高职学生管理中的应用 [J]. 企业导报，2013（22）：67-68.

[20] 刘晓岑. 人本理念在高职院校学生管理中的应用探析 [J]. 剑南文学（经典教苑），2012（12）：334.

[21] 曾秋河. 以社团化模式创新高职院校学生管理 [D]. 成都：西南交通大学，2017.

[22] 张新华. 以社团化模式创新高职院校学生管理 [J]. 现代经济信息，2017（22）：428.

[23] 张定群，田娜. 关于大学生社团化管理模式的思考 [J]. 西部素质教育，2017（24）：183-184.

[24] 王志芳. 独立学院班级管理"社团化"模式探究 [J]. 科教导刊（下旬），2018（4）：180-181.

[25] 靳桂龙，谢元峰. 以社团化模式创新高职院校学生管理 [J]. 科学咨询（科技·管理），2018（10）：20.

[26] 李伟嘉，刘男，张哲，. 当代高职院校班级管理"社团化"模式探究 [J]. 科教导刊（上旬刊），2016（2）：18-19.

[27] 孙伟彦. "社团化"班级管理模式探析 [J]. 兰州教育学院学报，2012（4）：77-78.

[28] 曾兰，梁冰冰. 班级管理模式创新："社团化"管理 [J]. 产业与科技论坛，2017（16）：237-238.

[29] 郭莹. 高职院校班级企业化创新管理模式探索 [J]. 企业导报，2016（10）：40-41.

[30] 武新. 高职院校"企业化"学生管理模式探析 [J]. 辽宁农业职业技术学院学报，2016（3）：39-40.